葬祭革命

医療と葬祭のはざまで

安達文子著

筑波出版会

目次

はじめに

あなたの胸は痛みませんか

「あなたが死んだら、あなたの葬儀はどうしますか」

そう尋ねたら、九割以上の人から「あとに残る誰かがどうにかしてくれるはずでしょう」という答えが返ってくるのではないでしょうか。

あるいは「死んだ後のことはどうなろうと構わない」と思う人もいるでしょう。

でも本当にそれでいいのでしょうか。

人の一生は、死によってではなく、一握りの灰となったそのとき、はじめて生涯を閉じるということではないでしょうか。

ならばあなたは自分の人生のピリオドを他人に委ねて平気ですか、と私は問いたいのです。

そんなことを考えるのも、これまで死の場面に立ち会うたびに、人間としての尊厳が死の瞬間から無残に打ち捨てられていくさまを見つめてきたからかも知れません。

はじめに

自分の人生を懸命に生きて「ご臨終です」と医師に告げられた途端、その人の亡骸はいとも事務的に葬儀社によって短時間のうちに「モノ」として病院の外に運ばれます。自宅に運ばれ、家族に見守られるのは幸せな方です。いまや多くは葬・斎場へ運ばれ、保管庫の中で冷凍人間にされて葬儀、そして火葬され、残った骨を墓の下に納められて、ひとりの人間の生涯は幕を閉じるのです。

これが当たり前だと思われますか。それともこの過程のどこかで胸の痛みを感じますか。もしあなたが胸に痛みを覚えたとしたら、その痛みが何によるものかを知ってほしいのです。その思いが私にこの本を書かせたともいえます。

私は五四歳。病身ながら命を賭けて子どもを産み、母親になった喜びを味わいながら、まわりに助けられてただ愚直に生きてきた女です。主婦としての暮らしの中で自分に出来ることをと、ボランティア活動に汗を流しました。その汗もこの世に産み落とした子どもが生きやすい社会であってほしいという一人の母親の願いゆえのことです。それを母親のエゴだと言われるかも知れませんが、そのわが子を守るために、という親の思いこそ、今の時代にはとても大切なことなのではないでしょうか。

親たちが自分の子供のためにと思う心は、人間社会を作る根幹のはずです。高邁な理論よりも、政治経済の知識よりも、まず愛する者のために親は何ができるかを考えることこそ、人間がもっとも暮らしやすい社会をつくる力になると私は信じています。

それなら主婦の私でもお手伝いが出来ることなのです。

しかし今の世の中、家族の愛情よりも、個としての自立意識が強調され、親も子も一人の人間としての自由を求める権利意識ばかりが声高になっています。その渦の中で戸惑うのは親ばかりではありません。子供たちはまともに人生と向かいあったら、窒息しそうな息苦しさを感じているかも知れません。

何を信じて生きていけばいいのか。子供たちの問いかけに親である私たちははっきり答える責任があるのです。

すべてに経済効率が優先する世の中で、もし親が子のために唯一できることがあるとしたら〝人間のいのちの輝き〟を教えることではないでしょうか。

人間はどれほど望まれてこの世に生まれ、人の一生はいかに重い意味のあるものであるか。そのことと最も鮮明に向き合うことができるのが、死の場面です。なのに最も人間の尊厳を教えるはずの死の場面にさえ、経済効率が持ち込まれ、経済優先社会の便宜主義が幅を効かせているのです。その結果が何を引き起こしているのかは、壊れていく子どもたちの叫び声が教えてくれています。

見直さなければならないのは、人は生まれたときから死に向かって歩いているという事実です。死こそ、次の時代を背負う子どもたちにつなぐ〝いのちの輝き〟なのだという認識なのではないでしょうか。

生きていて良かった。その思いがあるからこそ、死してもいのちは繋がるのです。五年前、そんな人生の終焉を誰もが迎えられるような舞台を作りたいと私は考えました。そしてそれぞれの人が自らの人生をまっとうするまでの間「生きて在る」ことの喜びと個の尊厳を守ることをサポートする役割を担おうと決めて、尊厳カウンセラーを名乗りました。

私を支えているのは、若い頃からの闘病、命がけで生んだ子供との時間、さまざまなボランティア活動の中での経験など、人の心の痛みやいのちの重さに向かい合ってきた時間と体験です。その間に培った力で、〝人間としての死に方〟を守りたいのです。その人らしい人生の幕引きによって「出会えて、ありがとう」の思いを残された人たちに届けたいのです。

そんな小さな心の温もりの積み重ねが人々に何かを気づかせるかもしれません。『葬祭革命』は、その〝気づき〟への願いを込めて社会に投げた精一杯のつぶてです。

尊厳カウンセラーの原点

あらゆる権威が崩壊する中で、逆に失ってはならないものまでが消えようとしています。例えば古き良き時代の「家族」や「家」という概念も大きく姿を変えてしまいました。日本人が世界に誇った独自の文化や精神性を失ったことから、日本の社会は乱れ始めたということです。精神性というのは「志」のことであり、社会との関わりだと思うのです。そうした精神性の乱れた今の社会で尊厳ある「生」とは漫然と時に流されて生きることではなく、「生きて在る」ことを貫く凛とした生き方そのものであり、個人としての存在を指すのだと思います。

私自身が病身をおして子供を産み、育てるという喜びを知りました。そして一人の主婦として社会に目を向けたとき、真面目に一生懸命生きようとしている子供たちが生きにくい時代であるのは、悲しいことです。

この数年間、長い間のボランティア活動の延長線上の結果として人の死に巡り合うことが多くなりました。そうした立場で人の死はまさに生き方の表現であるにもかかわらず、どれほど多くの死が尊厳のかけらもない形で葬られてきたかを知りました。近年、多くの識者が葬儀をテーマにした書物を世に問いかけていま す。そして喪をビジネスにする業者によって新しい葬儀のあり方がアイディアとして登場してきました。現代の葬祭はこれでいいのでしょうか。私には納得出来ない部分が多いのです。

何が納得出来ないのか。そして本来の死と葬儀とはどうあるべきなのか。そんなことを考えていると結局は、医療現場から死を経て人が人生をまっとうするまでの間の存在感、つまり存在そのものが、如何に尊厳なものであるかという点に行き着いたのです。

人の人生を輝かせるもの。そして尊厳たらしめるものは存在そのものなのです。そのためにも医療現場から葬祭の場までを通して尊厳たらしめる立場でありながら、あまりにも人間の存在が軽くなってしまっているような気がしてならないのです。そこに、私が尊厳カウンセラーを名乗る原点があります。

第一章

まぬがれない「死」と「葬」

思いにまかせぬ生老病死

人間にとって間違いなく訪れる「死」に、どう立ち会えばいいのでしょうか。

ある医師から伺った話で、いまも心に残っている言葉があります。

その方のお母様が重篤に陥ったとき、余分な治療行為は一切せずに、ただ息を引き取るまで、黙って手を優しくさすり続けたのだそうです。

穏やかな死に顔だったと聞きました。

たったそれだけの話でしたが、私の胸に熱いものがこみ上げていました。

死に逝く人が望むことは、高度の医療行為でもなければ、励ましの言葉でもありません。ただ大事な人の手や胸の温もりに抱かれて永遠の眠りにつくことだけではないでしょうか。

五木寛之氏の著書『他力』の中に「対治」と「同治」という言葉が紹介されています。高熱を発したとき、熱を下げるのに氷枕などで冷やして熱を下げるようなやり方を「対治（たいじ）」といい、逆に熱のある身体をさらに温かくして、汗をたっぷりかかせることによって熱を下げる方法を「同治（どうじ）」というのだそうです。

たとえば、悲しみに沈んでいる人を励まそうとするとき「いつまでも悲しんでいてはだめ、元気出して！」と元気づけて立ち直らせることより、何も言わず、本人の話に耳を傾け、一緒に涙を流すことのほうが効果的な場合が多々あります。向き合うのではなく、寄り添う。その優しさを私たちは煩雑な日常の中で忘れているのかも知れません。

死に逝く人に必要なのは、この同治的な心根です。ただじっと傍にいて手を握る、身体や足をさする。それは泣いている赤ちゃんが、胸に抱かれると落ちついて泣き止むのに似て、人肌の温もりは一番の安堵感を与えてくれるものでしょう。

死に逝くときも同じです。そうした安堵感に包まれて見送られることの喜びこそ、その人の人生の最高の勲章なのかも知れません。

見送りの場面に出合うたびにそんな思いが私の中で去来するのです。

人間は生まれながらに「思うにまかせぬ四つのこと」を背負っているそうです。こう説いたのはお釈迦さまです。生まれ出づること、老いてゆくこと、病を得ること、そして死んでいくことは、人間にとって逃れようのないものなのです。つまり『四苦』とはすなわち『生老病死』のことだといいます。

人としてこの世に産声を上げたときから、死に向かって歩み始めていることは逃れようのない事実なのですが、その死という事実を忘れて生きることのほうが、ごく自然で前向きの生き方だとされてきました。

ある著名人が喫茶店の主人から、色紙にサインを求められた際に日頃自身の心の置きどころとしている『生老病死』と書いたそうです。ところが店の主人は困った顔で「縁起が悪いからこれは店には飾れない」と嘆いたというのです。

こんなふうに「死」という言葉を口に出すことひとつでも、不吉なものとして忌み嫌われてきました。「死」や「苦」を連想させる数字を抜くことが〝気配り〟とされる世の中なのです。

しかし、どんなに人間が高度なコンピューター社会を作りあげても、あるいは遺伝子操作によって生命の領域にまで踏み込んだとしても、生まれたら病み、老いて、死ぬということは人間の自然の節理です。その生の限界を知ることこそ、生命への畏怖が生まれ、どう生きるかを人は求めるのでしょう。

私自身は十代の頃から数えて八度の手術を経験していますから、身体はすっかり傷物です。もうこれ以上病気は沢山とお断りしたいのですが、次々と病に襲われると、これもなにかの縁だと考えて、病は人生の伴走者であると心を決めました。

また五十歳を数えるようになってから、老いは徐々に現実味を帯びてきました。しかしこれもまた自然な心身のリズム。むしろ逆らわずに受け入れることで、艶やかに老いを磨いていこうという気持ちに切り換えました。

こうして年齢に寄り添って無理をしない姿勢に切り換えると、心身ともにとても楽になることを発見しています。そんな自分の終末は、どんな思いで迎えられるだろうかと、最近は楽しみでさえあります。

誰もが枯れ木が朽ちるような穏やかな死を迎えられるとは限りません。病気に苦しみ、ベッドの上でのたうちまわる最期かもしれません。あるいは思わぬ事故や災害、事件に巻き込まれて、無理矢理に、生の時間をもぎ取られるかも知れません。

たとえ自分の人生の結末のあり様がどうあろうと、生き切ったという思いを残せるような生き方をしたい。それがいま私の目標になっています。

不思議なことに、そう思い定めてからは、いままで曖昧模糊《あいまいもこ》としていた事柄の輪郭がハッキリと見えてきて、心が晴々としてくるのです。

人は死という終着点があるから、人生を精一杯生きたいという思いが湧くのでしょう。それは病気になって初めて生の時間の尊さに気がつくのではなく、時々立ち止まって、現在の自分の人生のときを見つめてみると、そこからまた新しい方向が見えてくるはずです。「死」の重さを感じれば感じるほど、いまあるものを大事にしたいと思うのではないでしょうか。

そんなことを繰り返しながら終着点へと歩を進めることの楽しさを、私は五十を過ぎてから知りました。

それぞれの『時』に『何を』なすべきか

人間の一生を四つの時期に分ける考え方があります。

中国では『青春』『朱夏』『白秋』『玄冬』と人生を四季にたとえて分け、またインドでは『学生期』『家住期』『林住期』（林棲期という説もあります）『遊行期』として、年齢に添った生き方を説きます。たとえば生まれてから二十歳ぐらいまでの若い時代の『学生期《がくしょうき》』は、社会に出るまでの準備期間。生きるために最も大切な人間形成の土台づくりがこの時期です。

次いで、成人後に結婚、家族を支えて社会に貢献する働きざかりの時期が『家住期《かじゅうき》』。二十代から五十代までの壮年がこの時期です。

その家住期を経ると『林住期《りんじゅうき》』。

『林住期』は、生臭い俗世間から離れて自然の中で自己と対話し、宇宙の中のちっぽけな存在である人間の姿を凝視するという時期。日本流に解釈すれば、子育ても終えて、自分の生き方を取り戻す時期といえます。

ことにこの時期にこそ、人間は自然の中の一つの生き物に過ぎないことを確認することで、人生の実りが違ってくる。そんな意味も込められているのではないでしょうか。

林住期を過ぎ、『遊行期《ゆぎょうき》』を迎えると、そろそろ天寿をまっとうする日に備えての準備期間になります。

インドのヒンズー教徒はガンジス川で荼毘に付されるのを理想とするため、やがて死の旅立ちの訪れを悟ると、家も財産も放り出して、ずだ袋ひとつで放浪の旅に出る。死出の旅です。そして聖なる川のほとりに行って死を待ちます。

こうして考えてみると、生まれてから死ぬまでの人間の一生とは何と単純明解な図式の上にあるのでしょうか。まさにそれは動植物と同じ人間も地球上に生きる一生物でしかないということを教えてくれます。

人の幸せとは、まさにそのことを知って生きるかどうかなのかも知れません。その人間の自然の節理を日本人の社会生活に当てはめてみると、こうなるのではないでしょうか。

たとえば生まれてから二十歳の成人式を迎えるまでは、人生の『学習期』です。いまの社会構造からしたら大学を卒業する二二歳までとしたほうがいいでしょう。この世に産声を上げた命が、親の保護と愛情を支えとして、自我の芽生えから自分の意志を見つけ、育み、生きる権利と義務を与えられるまでに学習していく期間なのです。

この時期を経て五十三、四歳までを『繁栄期』とします。大学を卒業して社会人となってから、学習期に何を学び、何を育んできたかが率直に問われる時期です。

その培ってきた自身の心身のベースをどう耕すかで、人生の実りを大きく変えるという人生の生産期といってもいいでしょう。

社会の一員として、大抵の人は結婚し、家庭をもち、仕事にも家庭にも精力的に向き合うのがこの時期です。

そして五三歳頃を頂点に人間の体力も気力も徐々に下降気味になっていくのですが、これから七十歳の古希の祝いまでを『充実期』と私は考えています。

人生の実りをゆっくりと味わう時期。それこそ子育ての重荷を下ろして、親でも妻でもなく、固有名詞の人間としての人生の歩幅を確かめてみる機会だと思うのです。

人生の歩幅とは、自分の身の丈の生き方と言い換えてもいいでしょう。生きることに懸命な時期には、社会の仕組みの歯車に合わせることに目を奪われてしまいがちです。世の中の価値感に合わせることで、満足度をはかってしまいます。

でも本当にそれで幸せなのだろうか、と自らに問うのが、体力の下り坂にかかる頃からではないでしょうか。

限られた生の時間を見つめて、自分の人生の設計図を改めて引き直してみる時だと思うのです。そこで見つける充実感こそ、本物のような気もします。

平均寿命が世界一長い日本人にとって、七十歳から後の人生は『完成期』になるのではないでしょうか。

自分はどう生きたか。実らせた人生の実によってはじめて「何のために生きたか」の答えがでてきます。

こうして完結するまでの人ひとりの一生は、それぞれのかけがえのない生の軌跡です。その終焉を、箱に詰めた商品をベルトコンベアーに乗せて片づけるような見送り方が、はびこってはいませんか。果して正しい弔い方とはどうあるべきなのでしょうか。その核になるべきキーワードが「尊厳」なのです。

数カ月前に久しぶりにお産の介添え役をしました。

介添えといっても私の場合は助産婦ではありませんから、若い妊婦さん夫妻の心のカウンセラー役、つまりは心の添え木的な役目になります。

子を産み育ててきた先輩として、ありったけの知恵や体験を総動員して妊婦さんの不安のつっかい棒になるのですが、この役割りほど毎日が楽しく思えることはありません。

ひとつの生命を産み出すことの感動と喜びこそ人間の最も厳粛でかつ感動的なセレモニーであるかを実感するのです。

二七歳の初出産を控えた陽子さん（仮名＝以下同）は、不安と期待に振り回されながら、その日に備えてひたむきに心の準備をしていました。日に日に迫り出してくるお腹を見ながら産休に入ると、急に自分が母親になることの不安に襲われるのでしょう。頻繁に私の携帯電話の呼び出し音が鳴るようになりました。

病院の有能な勤務医として働く彼女の母親は、陽子さんにも専門キャリアをもつ女性として生きて欲しいと望んだようです。しかし、彼女には母親の期待に応えるよりも平凡な母親になる幸せを選びとったという事情がありました。

そうした母と娘の感情の凝《しこ》りは、オギャアと元気な男の子の産声が一瞬のうちに溶かしてしまったようです。

難産の末に命懸けでひとつの生命を生み出した娘に、多忙な勤務の中から捻り出すようにして取った数日間の休暇を、母親は娘の介護に当てたのでした。

私たち五十代以上の世代の女性たちは、社会で女性が一人前の人間として認められるためには、仕事をもつことが絶対条件のようなものでした。封建的な男女差別の壁に懸命に挑み、努力で仕事を勝ち取ってきたという思いがあります。

自立とか社会参加という言葉にがんじがらめになってきた世代ですから、人生への向き合い方にも、自ずと肩に力を入れてしまいます。

その不器用さを、若い人たちの目は冷静に見ています。

そして何が本当に幸せなのかを、もしかしたら私たちの世代より知っているのかも知れません。この若い夫婦の自然体の生き方をみていると、そんな思いにさせられるのです。

まだあどけなさを残す笑顔で分娩室に入っていった妊婦さんは、誕生したわが子を初めて抱いたときには、すっかりお母さんの眼差しになっています。その傍らには目を赤くして、わが子を照れくさそうに覗き込む新米パパの笑顔がありました。

若い二人にとって産声を上げたばかりの小さな生命は、初めて触れる〝いのち〟の輝きです。

その生命を生み出すという大仕事を、自分たちが成し得たのだという充足感と責任感が、二人を大きく成長させていくはずです。

私は陽子さんに「凄いことをしたね」と心からの喝采を送ったものです。

出産は明るいお祝い事として受け止められていますが、実際は命をかけた大事業です。母親が命をかけた苦しみの上に得る歓喜だからこそ、生命の誕生は尊厳の輝きを人々に教えるのでしょう。

しかし昨今、このようなケースは少なくなってしまいました。子殺し、親殺しのニュースが流れるたびに、人間として大事な生命の尊厳に触れる機会を、私たちは一体何と取り違えてしまったのかと思うことしきりです。

いのちを祝い寿ぐ儀式

人間の一生の節目を祝う慣習は古代から現在まで、暮らしの中に息づいています。そこには生命をいとおしむ人々の思いが込められているようです。

たとえばまず最初は安産のお守りとされる

①『**帯祝い**』です。これで父親・母親になる心の準備が進められます。

お腹の赤ちゃんが無事に生まれてきますようにという祈りを込めて、妊娠五カ月目の「戌の日」に犬の安産に因んでお腹に岩田帯を巻きます。この時期には母子手帳も受けとることが可能になります。岩田帯と母子手帳には生命の誕生を待つ家族の喜びがこめられています。

無事に誕生した赤ちゃんの初めてのお祝い事が

②『**お七夜**』の祝いです。

乳児の死亡率が高かった昔は、生後三日目、五日目、七日目、九日目の夜をお祝いしたようですが、これにも理由があって、赤ちゃんが生まれて三日目というのは、母親に母乳が出るか出ないかのぎりぎりの日です。この頃までに初乳といわれる黄色いお乳が出れば母乳で赤ちゃんは育てられるあかしです。そして五日目、七日目でやっと赤ちゃんはおっぱいを上手に口に含むようになり、生きる力をつけていきます。

七日目の『**お七夜**』が『**命名式**』となるのは、やっと生きていけますよ、という最初の一歩を祝う儀式なのです。

体重が少し増えてきたな、とわかるのが九日目。ここまできて親はやっとホッとした思いになれるのです。

③『**出生届け**』は生後十四日以内に出せばいい、となっているのは、そうしたことを含めての判断です。

昔といまでは乳児の死亡率は大きな違いがありますが、それほどに一日一日、小さな命が芽吹いていく様を、家族は固唾をのむような気持ちで祈っているのです。

地方によっては男児三一日、女児三三日目に行われるのが神社に詣でる

④『**お宮参り**』。土地の氏神様の氏子として認めてもらう行事です。

神道の八百万の神は生きることに関わる万物の守護神ですから、子供の成長を見守って下さいと祈願するのです。キリスト教でいえば洗礼式に当たります。

『**お宮参り**』はまた初めて一族の一員として認められる御披露目の祝いでもあります。

昨今は『**お宮参り**』の意味を知らない人が多くなって、デパートでお宮参りセットを揃える親御さんが増えていますが、本来は男の子はのし目模様の広袖、女

の子は友禅ちりめんの着物に、初めて家紋をつけた祝い着を抱いた人の背中で紐を結びます。

⑤『**お食い初め**』は百日（地方によって百十、百二十日）になったときのお祝いの儀式。

一生食べ物に困らないように願いを込めたお祝いで、平安時代の頃から始まったとされていますが、歯固めの小石を赤飯の上に乗せて一汁一菜、鯛、鯉の膳を揃えます。そろそろ固形物を食べさせる時期ですよ、という目安を教えるのです。

⑥『**初節句**』は女の子が三月三日の雛祭り。桃の花を飾ってのお祭りは、災いを払う儀式というきちんとした意味があります。

男の子は五月五日の端午の節句。一人前の子供としての人格を重んじて幸福を祈る儀式です。

これもいろいろな言い伝えはありますが、要は男と女の役割分担を表しています。女の子はお人形を飾りままごと遊びで家庭内の、また男の子は獲物を取るなど外の社会での生産性を表現して、同じ生産性でも男女は違いますよ、と伝えているのです。

⑦『**初誕生日**』のお祝い。これは欧米の習慣を真似て日本では明治以降から始まったものですが、日本では一年経った初節句（早生まれ、遅生まれはあっても）をお誕生日のお祝いとしました。

⑧十一月十五日の『**七五三**』は、秋の収穫を祝う氏神様の祭りに由来しています。この子がここまで育ちましたという神様への報告です。

数え年でお祝いしますが、三歳は男女一緒に、髪置といっておかっぱ頭だった髪を伸ばし始めます。五歳は男の子だけ、七歳は女の子だけと分けられます。五歳の男の子は袴着、袴は男子の正装であり習い事の際は必ず着用しました。女の子は本裁の着物に帯を締めるようになります。

⑨十三歳になったら『**十三参り**』。

関西ではいまも行っているようですが、子供の成長を祝うという意味では、一番大事な儀式だと私は思っています。

一人前の大人への登竜門の年齢として、神社に参拝して人生を生き抜く知恵を授かり、出世を祈ります。

昔でいえば、この日に男子は六尺の褌を、女子は初潮がくるという意味から赤い腰巻きを巻きました。ヨーロッパでいえば社交界デビューを果たす日です。

⑩そして二十歳の『**成人式**』を迎えるわけです。

なぜこんなに古いしきたりを持ち出して、長々と説明したかと、きっと思われることでしょう。

子供の成長も日本社会の仕組みも昔のしきたりの間尺に合わなくなっている時代では、余り意味をなさないと思われるかも知れません。しかし、こうした儀式を見直してみると、親が子育てをするときの目安、ポイントがきちんと押さえてあります。儀式という形に託して、人々は子供の成長を見守ってきたわけです。

しかも生まれてから二十歳の成人式までの時期に、人の一生を祝う儀式の大半が集まっています。それはいかに人の生育時期には見守りと、育む目が必要かを教えています。

儀式はたしかに形式ですが、その形にこもる思いを丁寧に見つめると「ああ、そうなんだ」と、胸に落ちることが少なくないのです。

私自身、娘を育てるときにはこうした儀式の祝いを通して子供の成長を計り、親であることの喜びを確認してきました。

薬害で苦しんだ私が母親になれたこと自体が大きな喜びでした。妊娠を知らされた喜びに持ったことのない針を持ち、ベビードレスの刺しゅうを一枚一枚、ひと針ひと針刺し、結婚のときに祖母から贈られた白地の絹地で、娘が三歳のときには七五三祝いの晴れ着をつくりました。また七歳の祝いには、祖母のかんざしを娘の髪にさして、祖母の孫に寄せる思いを伝えました。七歳になると女の子は三尺帯ではなく、初めて帯を結ぶのが習いですが、その帯の下に三歳のお祝いのときの三尺帯を巻いて、これだけ大きくなりました、という証にするのです。

そして十三歳の『十三参り』には、私が初めて娘のために縫った振り袖を着せて、家族で神社に参拝しました。娘はお世話になった方々に、今日まで見守って下さったことへのお礼を言って回りました。

子育てはたしかに手間の掛かることです。でもこうした子供の成長の節目の祝いを通して、親としての責任と充実感を味わう楽しみでもあるのです。

親として子供に手をかけられるのは、せいぜい十三歳の『十三参り』までのこと。あとは子供が自分の足で歩いていく姿を見守りながら、添え木をはずしたり、添えたりするだけしかできません。

言い換えれば、親は子供自身の歩幅に合った歩き方を、十三参りまでの儀式の中で見つけていかなければなりません。

いま社会問題になっている親子関係の背景には、親と子が心を結ぶきっかけを失くしてしまったことにも原因があるのではないでしょうか。

産んだことだけで、親になれるわけではないのです。血の繋がりも向かい合わなければ途切れてしまうのです。

そのきっかけが祝い事という儀式であり、日常生活の中での心の栄養剤的役割をしていたとみたらどうでしょうか。そうした積み重ねが希薄になったことが、人間の持つ尊厳を軽くしてしまったような気がしてなりません。

人間の命が地球よりはるかに重いはずなのに、昨今はいかにも軽く扱われています。生命が宿ったときから、最後の死を迎えるまで、どんな人も一貫して尊厳たる存在でなければならないのです。

人生の終末はすべて自己責任

死生観が昨今話題になっていますが「人はどう死にたいか」を考えるところから、生き方が見えてくると、誰もが気づいたのでしょうか。

どう死にたいか。自分は人生の終結をどういう形で迎えたいか。この問い掛けが自分探しの一番の早道だと思うのです。

我が子の成長ときちんと向き合ってこなかった親が終末期になって、子供たちの介護を望んでも、それは無理な話だと諦めたほうがいいでしょう。

それが現代の介護事情です。

親とコミュニケーションがとれない子供たちが、親の介護の仕方がわからずに悩んでいるのです。

現在六十代半ばの人たちは、戦後復興の主役だった世代です。自分たちが必死で働いて日本の経済力を担ってきたのだから、老後の社会保障と福祉を受ける権利があり、豊かな老後を享受させてくれるのは当然だと思っていらっしゃる方は多いはずです。

十数年前になりますが、私は特別養護老人ホームによく足を運びました。その頃のホームに入居していたお年寄りたちの多くが生活苦の方が多いこともあってか、介護されることへの感謝が見受けられました。

現在の特養ホームを訪ねると、まずかなり趣きが変わっているのに気づきます。つまり不平不満を訴えるお年寄りが多いのです。

こういうと誤解されそうですが、決して高齢者は文句を言わずおとなしくしていなさい、というのではありません。

ただ介護の不備や不満を相手に伝えるのは当然の権利ですが、権利意識だけで、感謝する心を忘れたら、人との触れ合いに優しさは生まれないですよ、と言いたいのです。

最近の病院や施設では、いくら元大学教授や元役人といった現役時代どんな肩書をもった方でも、ブロイラーのような生活を強いられます。

四～六人がひとつの部屋にベッドを並べて、大抵が寝たきりですから下の世話は看護婦さんたちの手に頼ることになります。

おむつ替えのとき「痛い！」などと文句をいったりすると叱られる。そういうことが何度も繰り返されるうちに、介護される側は看護婦さんの「もっとお尻をあげて」の声に、反射的に「はい！ごめんなさい」と謝るようになるのだそうです。

入居者のほうは、高いお金で入院しているのだから面倒みてくれるのは当たり前だと思っているでしょうが、その気持ちは介護する側にも自ずと伝わります。

お金で介護は解決すると考える人には、相手もお金をとる仕事だと割り切って考えるでしょう。

だとしたらおむつ替えひとつでも、手の掛からない人が好まれ、手を焼かせる人の介護は嫌がられるというのも自然の道理です。

お金さえ持っていれば、最後まで自分の尊厳は守られるという思い込みこそ、当てにならないものはないわけです。その気持ちの切替えをまずしないかぎり、わが子とのコミュニケーションも生まれないかも知れません。そして豊かな人生の終焉とは何かを考えることからでしか、自分の尊厳は守れないと思います。

第二章

現代の葬儀を考える

現代の葬儀事情えとせとら

厳粛な「お葬式」が一般的にタブー視されなくなったのは故・伊丹十三監督の映画『お葬式』以降ではなかったでしょうか。当時は画期的な映画でした。それまで誰も手がけなかった人生最大の厳粛な葬祭をエンターテーメントにしてしまったからです。映画のエンディングは火葬場から昇る煙を眺めるシーンだったと思います。人生のはかなさを見事に描き出していました。それと同時に、初めて葬祭という儀式に慌てふためく家族・親族の光景も浮き彫りにしていたのを覚えています。

そうした時期を経て、水の江滝子さんが生前葬を行って話題になったことがありました。松竹歌劇団出身の映画プロデューサーという水の江さんの幅広い交友関係もあってイベントのような賑わいがそこにはあったのではないでしょうか。

生きているうちに親しい人とお別れをしておきたいという生前葬のスタイルには「死」は不吉で厳粛なものとする従来のイメージを払拭したような明るさがあ

ります。

その頃から生前葬をしたいと考える人や、会員制のお別れ会という形を取る人、家族だけの密葬を希望する人、そして僧侶や牧師といった導師を必要としない無宗教の葬儀を望む人たちなど、葬儀の形も多様化の傾向をみせてきました。

わが国が葬儀に関して法律で定めているのは、「死亡後二四時間以内の埋・火葬の禁止」と「遺体を柩に入れる」という規則だけです。

つまり葬儀はあくまでも個人の行事であって形式、形態においての社会的な規制はないのですが、現在行われている葬儀の九割以上は、旧来からの仏式葬儀です。

そうした中で多様な葬儀式のスタイルが登場してきたのですが、その背景には現代社会や家族関係の変化と共に、個人としての生き方を重視するようになってきたことも大きい要因でしょう。

葬儀が儀式化したのは、昭和三十年代に入ってからです。

経済成長の勢いに伴い「死者の弔いの儀式」であるはずの葬送儀礼が、故人や遺族の社会的地位や財力を示すイベント的な様相になってきたのがこの時期です。

葬儀のノウハウを持つ葬儀社が便利な存在として利用され、業者の手によってますます葬送の儀式としての体裁を重視する傾向が強まってきたのです。

派手な宮型霊柩車や豪華な祭壇が登場、式場に並ぶ花輪の数にも遺族は神経を尖らせるようなお葬式が多くなりました。

しかしそこには「死者を弔い、魂を見送る」という死者への思いも、遺族への癒しも二の次になっています。

葬儀は送られる者、送る側が最後に心を通わせ合う時であるはずです。

死者の「ありがとう」の心を、残された者は「ありがとう」の心で応えて見送る。そうした思いが込められていなければ、どんなに立派な儀式でもそれはただのイベントです。そのことの虚しさにみんながそろそろ気がつき始めたのではないでしょうか。

自分はどういう形で送られたいかは、自分の人生の幕はどういう形で引くかということです。

そう考えたとき、一番自分らしい〝人生のしまい方〟が最も幸せな姿であることに、誰もが気づくのではないでしょうか。

こんなお葬式の風景に出合ったことがあります。

老夫婦二人暮らしでしたが、夫人のほうが先立たれました。あとに残されたのは八十の坂を越えたご主人ひとりです。お見受けしたときには介護の疲れもあってか、脱け殻のような姿でした。

病院の手配などは駆けつけた息子や娘夫婦に任せて、ご自分は目を閉じたままの妻の傍らに座っていらっしゃったのですが、別れの時間はほんの僅かなものです。すぐに遺体は霊安室を通り抜けて斎場に運ばれます。老夫婦のアパートは狭いという理由で、通夜、葬儀は斎場で行うことを子供たちは葬儀社との間で決めました。

老親の身体を気づかった子供たちの判断で、通夜は息子夫婦が当たり、その夜は娘夫婦の家で休むことになりました。

こんな家族の例は、決して珍しいわけではありません。

家族を亡くしたときから派生する様々な段取りや儀式の進行の中で、一番死者と向かいあうべき人が流れの外に置き去りにされてしまう。そのことに私はいつも違和感を感じてしまうのです。

人の死で派生する段取りと儀式の順序とは――

一　死を看取る（臨終）
二　遺族による死の受容（通夜）
三　死者の弔い、霊魂の送り出し（葬儀式）
四　社会的な死の確認（告別式）
五　死体処理（火葬・土葬）
六　遺族が悲嘆を癒し、日常生活へと復帰するプロセス（喪）

（『お葬式の学び方』碑文谷創著より）

葬儀式にはこの六つの意味が込められています。

かつては、お葬式は地域社会全体の相互扶助によって執り行われる儀式でした。近所の女性たちが料理の炊き出しをし、男性たちは野辺の送りの葬列を組んで埋葬や火葬を行ないました。そうした地域社会の相互扶助の形が崩れていくのは、戦後の、それも高度経済成長期を境にしてです。

地方都市から都市部への人口集中化に伴って地域社会には新しい顔ぶれが増加しました。隣近所は顔なじみという地域社会は崩壊して、単なる形だけの町になってしまいました。本来なら地域社会と葬祭業者が協力して行う葬儀も大きく変化してきます。都市部に葬儀を取り仕切る葬儀業者が出現したのはこの頃からでしょうか。葬儀や葬祭が喪のビジネスに移行したところから死者の魂を弔うべき「心」の儀式から「遺体処理」のための儀式へと比重を大きく移していったとも言えます。

そのことによって、遺族の心も何かを失っていったと思うのは私だけでしょうか。

先ほどの話に戻りますが、高齢の父親に代わり喪主となった息子夫婦が真っ先に算段しなければならないのは葬儀費用のことでした。

喪主となった夫婦の会話は自ずと「いくらかかるか」であり「こちらがいくら負担することになるのか」になり、やがては遺産の話になるでしょう。

一方、娘夫婦も同じ悩みを持ちはじめます。お香典はいくらにするのか、葬儀費用の負担はどうなるのかから遺産相続までと、お金の話というのは、どこの家庭でも似たようなものでしょう。

けれどそうした親の会話を子供たちは冷静に聞いています。

臨終の場で涙を流していた親たちが、その数十分後にはお金の話に眉をしかめ、遺産相続の話に熱を込めるのです。

家族が嘆き悲しんだはずの『死者』の身体は、モノのように置き去りにされている光景と、そうした親たちの矛盾した姿を小さな子供の目はどう捉えるのでしょうか。

心の教育ということでいえば、葬儀ほど「死者への慈しみ」を教える現場はないと私は思っています。

思い出を共有した人を失うことの悲しみや生の儚さを感じるのも、死者と向き合って見送る時間の中でこそなのです。

けれどその人間の最後を見送る〝心〟が見えないのです。大人たちの関心事はすでに他のところにあることを、子供たちは知っています。

そんな大人たちがいくら命の重さや大切さを説いても、子供の心には届かないのは当然かもしれません。

葬儀という「喪」の儀式に、人間の血の温もりを取り戻すことこそ、最大の死者に対する餞《はなむけ》であり、尊厳であり、いま私たち大人が問われていることなのではないでしょうか。

遺族の手で死亡届を提出したい

人が亡くなると死亡診断書を地元の市町村役場に提出して死亡届けを行い、埋・火葬許可証を受け取ります。火葬場ではこの火葬許可証の提示が必要になりますが、これら一連の事務手続きは、遺族に代行して葬儀社が行うのが一般的な流れになっています。

遺族が死亡診断書を葬儀社に渡して、埋・火葬許可証の事務的手続きを頼む委任状に判を押してしまうわけです。

委任状がないと葬儀社は火葬場の時間予約がとれないためですが、委任状を渡したことにより、遺族は身内を戸籍上から抹消するということを業者に委ねたことになります。

でもこれで本当にいいのでしょうか。

なぜ家族の火葬許可証を第三者の葬儀社に委ねられる仕組みになっているのでしょうか。少なくとも死亡診断書は家族か身内のものが提出すべきとするか、あるいは遺言執行人に委ねる、という行政システムに変えたら、死者を弔う心の重みが違ってくるのではないでしょうか。

死者を送る儀式に〝心〟込めるための最も簡単な行政手段だと思います。

地方ではいまも家族か親類が役場に出向き、死者の戸籍を抹消する手続きをとり、地域の公・民営火葬場の予約をとってもらうということが行われているようですが、関東一円、ことに東京二十三区内に限っていえば、まさに葬儀社でなければ火葬手続きは取れない状況です。行政機関の戸籍係が「民営の葬儀屋さんにお願いしてください」という話は、どこか妙だとは思いませんか。

さて、その戸籍係の話になると、これだけは言いたい、という思いがあります。

私が関わったお葬式で、家族と親しい知人たちだけの内輪の儀式をしたときのことです。家族の代行として友人が役所に死亡診断書を提出、火葬許可証の申請をしたら、戸籍係から葬儀社さんに火葬場の予約をとってもらってくれ、と言われてびっくり。火葬場側も葬儀社からの申込みがなければ火葬出来ないというのです。

本来なら、死亡届を役所に提出するのも、埋・火葬許可証を手にするのも、死者の家族か縁者がすべきことのはずです。そして死亡届けを受け取り、死者の戸籍を抹消する作業に当たる立場の戸籍係としては、少なくともひと言のお悔やみの言葉を家族に添えて、火葬の手続きをするのが、地域の行政を担当する人間としての心なのではないでしょうか。

人の戸籍を抹消するというのは単に事務的な作業ではないのです。

その人間に対する儀礼、もっといえば生命に対する礼儀を簡便化し、効率優先の作業としてしまったところにこの国の精神的な歪みが生じている。大げさではなく人間の命が軽いものになった根本は、そこにつながっているような気がしてならないのです。

戸籍係が扱うのは『死』ばかりではありません。人間の『生』をも扱う窓口だけに、その意味を知って欲しいのです。

たとえば出生届けをする親に「おめでとうございます。この区にまた新しい生命が誕生したんですね。大切に育ててあげてくださいね」と、ひと言添えれば、親の喜びは倍増するでしょう。あるいは死亡届けを出す家族には「ご愁傷さまです。では戸籍を抹消させていただきます。この区は火葬を前提としていますが、それでよろしかったら手続きさせていただきます」

このような応対ひとつで、家族は住民として大切にされていることを実感して、どんなに死者を送る悲しみが癒されるかも知れないのです。

人間の生と死。この最もシンプルな基本部分が手厚く保護されているかどうかは、住みやすい社会であるための大前提ではないでしょうか。

戒名は必要なのか

昨今、戒名はいらない、という人たちが増えているようです。

人は死して自ずと戒名がつくもの、と漠然と思ってきた人たちも、檀那寺の僧侶によってつけられる戒名にもランクがあることを考えたら、何かおかしいな、という気になるのでしょう。仏教の「死して人はみな平等」とする教えは何処にいったのだろうかと思わないわけにはいきません。そもそも戒名をつけるとは、仏の弟子になるという意味なのです。浄土真宗の場合でいえば、戒名とはいわず法名となりますが、その法名は「釈××」と短いのが真の形です。

それが長い間にいろんな要因が加わって、下に「居士」「信士」「信女」などをつけることが一般化したのです。

中でも最高の尊称を表す十二文字の『院号』は、元来は寺に貢献した人に与えられたものといいますが、それが一般化して、故人の現世における権力、権威を示すものになっています。

仏の弟子であることを示す戒名（法名）は、宗派によって多少の意味の違いはありますが、浄土真宗でいえばつまりは阿弥陀様の側で弟子として修行をする位を表します。

最高位の院号となれば、阿弥陀様に近い位置のハスの花の座を確保してあげます、という意味合いだと思えばいいでしょう。

その院号の値段が百二十万から安くて七十万円というのが相場なのだそうです。高額の院号を冠することが、故人への思いの強さだと家族は信じている向きもあるようですが、仏教の世界では最高位の院号を持つことは、その位に値する何千巻ものお経を修行するという意味になります。

長い戒名であればあるほど、その位の尊さに匹敵する勉強をしなければならないのですから、親孝行のつもりが、とんだ迷惑だと故人は恨んでいるのかも知れませんね。

そんな話をいつか人の集まりの中でしたことがありましたが、あるお年寄りの夫人から「そんなふうに言わないで下さい。私は両親の戒名と、夫の戒名を毎日唱えながらお線香を上げるのを日課にしているんです」と、叱られてしまいました。

その方たちにとっては戒名は信仰なのです。だから高いお金を出してでも、長い戒名を付けることが故人への思いの強さだと信じている方はつけてあげてください。

ただし、戒名の意味を知ることも大事なことです。それを知ってどうするのかを改めて考えることも必要な時期にきていることは確かなのです。

私が戒名について真剣に考えるきっかけになったのは、父の戒名のことからでした。

冬の豪雪地で知られる新潟県小千谷市片貝町が私の郷里です。

父は祖父が始めた絵を描いた提灯や傘を売る細々とした商いを、戦後には農機具や建材から金物まで扱う会社にまで広げていました。一方では閉鎖的な山里の町に、新しい時代の風や文化を招き入れることに汗を流した人でした。

その父は心筋梗塞で倒れ、半身不随の上に言語障害も加わって十一年間の闘病生活ののち六四歳で亡くなりました。

二十代で会社を引継いだ長女の私は、まだ戒名が何であるかなど分かっていません。ただ生前に残した父の功績は娘の目にも恥ずかしくないものと写っていただけに、菩提寺から院号を戴くことは当然のように決めていました。

生前父が懇意にしていた菩提寺だという身内の甘えもあるかも知れませんが、父のために院号を戴きたいと住職にお願いした際に高額の金額を提示されて、一瞬寂しい思いを感じたものです。それでもまだそのくらいにしか思っていませんでした。

葬儀のあとのお礼にうかがったときでした。

通された部屋に敷かれた虎頭のついた毛皮を目にしたとき、強い後悔に襲われました。見送ったばかりの父は寅年でした。虎の毛皮の上に足を乗せることは娘の私には出来ないことなのです。

当然長い付き合いの僧侶は父の干支のことは知っていたはずですから、それをこじつけだと笑われても私は許せなかったのです。そして人の死を悼む心のない僧侶から戒名を戴いたことをそのとき恥ずかしいと後悔したのです。

「院号」にまつわる嫌な思いはもうひとつあります。

これは祖母のときでしたが、信仰心の厚かった祖母は生前に菩提寺を通して京都・西本願寺から院号を貰っていました。ところが死の床についたときには惚けがきて、どこにしまいこんだのか記憶を失くしてしまっていました。

私は菩提寺に「院号」の控えがないかを尋ねましたが見当たらないという返事でした。私たち親族は迷いました。

お寺では再度、私たちが院号を頼みに来ると思ったのでしょう。でも父のこともありましたから、私たちはお寺の出方を待ちました。結局そのままで祖母は五文字の戒名で見送りました。母親のときも同じでした。

親戚からは不満もいろいろ出ましたが、祖母も母も父のときの「院号」に纏わる経緯を知っていますから、分かってくれるはずだと私たちは思ったのです。

どんな立派な戒名をつけられるより、子供たちに「ありがとう」といって送られ、いつも思い出してもらえることのほうが故人としては喜ぶはずだと、私たちは確信していました。

このことは単なる私憤かもしれません。

しかし、少なくとも僧侶であれば死者の魂を浄土に渡す導師としての尊厳をもっているはずだと思うのです。その人の心を集める尊厳が、金銭欲にまみれ、喪のビジネスになっているとしたら、大切な人の魂を託した家族の悲しみは一層深いものになってしまいます。残されたものの悲しみを深くしないためにも、戒名をお金でやりとりすることの愚を、改めて考えるべきなのではないかと思います。


喪のビジネスの最大商品になった戒名には、なんの意味も持たないと思っていますが、こんな戒名なら大切にしたいと心から思った話があります。

関西地方で長く高校の教師をされていた方の葬儀をお預かりしたときでした。

尊厳カウンセラーの窓口を花屋さんにしようと考えはじめた頃、相談者になった方からの依頼でした。

奥様から、夫を自由葬で送りたいが、親しく付き合っていたお寺のご住職から生前に戴いた戒名がある。それを飾ってもいいか迷っているのですが、と相談されたのです。もちろんお出しください、と私はお願いしました。

その後、長女の方から次のような丁重なお便りをいただきました。

花いっぱいのお別れ

昨年の七月、暑い最中でした。カサブランカ、トルコ桔梗、バラ、ラン、デイジィなどたくさんの洋花で囲まれた柩の中で、八十三年の人生を静かに閉じた父が安らかに眠っていました。遠く離れた兵庫県の菩提寺で、時を同じくして、父のためにお経をあげてもらいながら、私の自宅の居間に安置された父の柩の前で、私たちは最後のお別れを致しました。孫の一人がお琴を演奏し、母をはじめ子ども孫がかわるがわる焼香し、花を手向け、モーツァルトのレクイエムが流れるなか、火葬場に向かいました。「身内だけで静かに見送って欲しい」と生前から話していた父の意思を尊重し、自宅近くのフルーリスト・よしがき様にご相談したところ、尊厳カウンセラーの安達さんを紹介され、私たちの希望を形にしていただけました。吹き抜けになった我が家の居間の空間を生かしたお花選びとセンスの良い豪華なアレンジメント、背の高かった父がゆっくり身体を伸ばせるようにアメリカ製の布張りの大きな柩をお勧め下さるご配慮。吉垣様のお力添えで、おしゃれだった父にぴったりのお別れができました。

人生最後の儀式に対する安達さんやスタッフの皆様の高い見識と遺族への温かいお心遣い、遺族の希望に沿った花いっぱいのお別れにしたいと願い、フルーリスト・よしがき様を訪ねたことが、すばらしいお見送りが出来るきっかけとなりました。心より感謝しております。

国立市　北垣　日出子

　私が提唱するお見送りのあり方は、宗教を含めたすべてがその方の生き方だと考えます。故人の姿を形として映し出すことで、見送る人の心に故人の思いを届けたいというのが願いですから、親しい方からいただいた心のこもった戒名ならなおさら大切な宝物です。故人がどれほどの勉強家だったかは、書棚に並ぶ書物や、これまでの経歴をうかがえば想像がつくことでした。まさに生前から院号に匹敵するほどの勉強をされていらっしゃった方ですし、これからもされるはずだと思うと、その戒名は私の目にも輝いて見えました。

フルブライト留学生として渡米、戦後国際人の育成に力を注がれた方のファイナルステージ

　それにしても戒名にどんな思いがこめられているかで、こんなにも受け止め方

が違うのですから、人は何を求めているのかを宗教者は見つめ直すべきなのではないでしょうか。

かつての導師はいずこに

お寺が地域コミュニティの中心になっていたのはいつの頃までだったのでしょうか。

江戸時代に定められた檀家制度は、明治維新で瓦解しましたが、庶民の暮らしの中では慣習的に続いてきていました。

冠婚葬祭をはじめ、檀家それぞれの家族関係を把握している寺と檀家の相互の顔が見えるような関係は、少なくとも戦前までは続いていたのではないでしょうか。

私の田舎でも、子供のお七夜の祝いにお寺のご住職がおいでくださり、命名をお願いすることも決して珍しいことではありませんでした。壇那寺の住職に名前をつけて貰えたということがその家にとって名誉なことだとされていたのです。

葬儀ともなれば、住職はその家の事情なども含めてすべての段取りと手配を行いました。遺族と相談の上で、葬儀業者に柩を頼むなど、戒名も含めて弔いの儀式は故人の人生を知る僧侶の手によって進められたものです。

そこにはまだ僧侶として死者を弔い、見送る心がありました。

お寺と檀家の繋がりが急速に疎遠になっていくのは、戦後の経済成長期からだと言われています。

地方から都会への人口移動で、壇那寺から離れた人たちが葬儀のときには宗派が同じ僧侶なら構わないと考えたのでしょう。さらには仏教なら宗派にこだわらないという人たちが増えたことです。都会の葬儀の場合、自分の家の宗派を知らない人が多くなり、葬儀社が適当な宗派の僧侶を手配して行うケースは決して珍しいことではありません。

そのようにして当初は僧侶主導で執り行われていた葬儀が、檀家意識が希薄になるに連れて葬儀社主導の喪のビジネスになっていくのです。

現在も地方で行われる葬儀には、壇那寺の僧侶が呼ばれることは多いのですが、その場合でも、葬儀社が司会からすべての部分を仕切り、僧侶は読経するだけという恰好です。そこからは僧侶として死者を送る心は感じられません。

「死者を弔い、浄土へ導く」導師であるはずの僧侶が、葬儀ビジネスの業者と手を組んだときから「死者の弔いの儀式」は形骸化してしまったのです。


私が小学一年生ぐらいの頃でした。親戚の葬儀のときの記憶ですが、東北地方では当時はまだ死者に湯かんする習いがありました。

納棺する前に遺体を湯水で洗い清めるというものですが、死者に湯をつかわせるのは身内の役目です。女たちは納棺までの数時間のうちに、白いさらし布で死に装束を作ります。

大人も子供も年寄りも心一つにして、真新しいさらしで死出の旅立ちの衣を縫うのです。縫い目が不揃いでもかまわない。糸止めをせず、着物の形に縫った衣を死者に着せます。死者への思いをひと針ごとに込めながら、黙々と縫い上げていく家族の光景を、私は子供心にもいいなあ、と感動したことを覚えています。

死して送られる側、そして送る側の間に「ありがとう」の心が響き合うような思いが湧いてくる。このかけがえのない人間の優しさの文化を、日本人は捨ててしまいました。そしてそのときから、死体のモノ化が始まったといっていいかも知れません。

日本人の死の風景が荒涼としてきた背景には、さまざまな要因が影響しているのでしょうが、その中でも導師、つまり心を導く師を持てなくなったことが私には気になってしかたがないのです。

導く師。それは仏教でいえば僧侶であり、神道でいえば斎主であり、キリスト教でいえば神父、牧師です。

人は死してどうなるのか。仏教では極楽浄土を教えますが、だれも覗いたことはありません。その不安を私たちが唯一向けられる相手が、仏の教えを修行をする身の僧侶です。その僧侶に読経は頼むとしても、導師としての任をいま人々は求めなくなっています。

日本人の葬儀は初め神道での葬儀でした。死は気味の悪いもの、けがれたものとされ、きちんと弔いをしないと後で死者が祟るという感情から、僧侶に読経をしてもらうことを庶民は望みました。

現在のように仏式葬が一般的になったのは、江戸時代に檀家制度が定められ、冠婚葬祭を壇那寺が仕切るようになってからのことです。

神道と仏教では葬儀の意味は基本的な違いがあります。

仏教は死者の成仏（往生）を祈る儀式ですが、神道では死の汚れを清めて神の座におくる儀式です。

いま日本の葬儀の九割は仏式で行われていますが、儀式の形は仏式と神道の中間のような折衷型です。

たとえば仏式葬は、菩提寺の御本尊が安置されているところで行われるのが本来の形ですから、祭壇は必要ありません。自宅や葬・斎場といった場所を移して行われるために祭壇を作るのですが、そのスタイルに取決めはなく、一般的に使われているのは葬儀社が考え出した神道と仏教の混合様式なのです。

もちろん神道、仏教どちら側からの文句も出ないような巧妙な形式で飾られています。たとえ自宅で弔いの儀式をする場合でも、仏式葬であれば、これも宗派によって違いはありますが、浄土真宗であれば、三具足であるろうそくとお香とお花、それに菩提寺の御本尊があれば儀式として成立します。

昭和の初めの頃までの庶民のお葬式といえば、そうした形がほとんどでした。それが祭壇が三段、五段となるに連れて、仏式も神道式も一緒になったようなお葬式が大手を振ってまかり通るようになったのです。

私はいつもお葬式に行くと、なぜ誰も不思議に思わないんだろうと考えることが多いのですが、たとえば白木で飾るのは神道の祭壇で、生ものを食べていいことからご供物も山海地のもの一式を供えます。そのお供えものを料理して、通夜客に振る舞うというのが神道の葬儀式です。清めの塩も神道からのもので、仏教にはありません。

さらに仏教の場合の祭壇は本来は塗り物です。そうでなければ三具足に真宗の場合なら阿弥陀様の前にご遺体を置く。仏教は生ものは食べないことから、お通夜は精進料理です。けれどいまではお刺し身やお寿司が膳に乗っていますけれど。

つまりはいまや仏教葬儀ではなく仏式風葬儀がまかり通っているというわけです。

儀式としての形も商業主義が先行するに伴い、死者を弔い、引導するはずの宗教者の意識も変わっているようです。

少なくとも葬儀の日には肉や魚といった生ものを断つくらいのけじめは、昔の僧侶にはあったのではないでしょうか。

それが自分を導師として崇めてくれた人への最小限の礼儀だと考える僧侶はいたに違いありません。

弔うとは、僧侶にとっては死者を悼み、浄土へと送る祈りを捧げることでしょう。その姿を見て遺族が癒されるというのが葬儀式の心の原点のはずです。

ところが遺族の心とは別のところで、葬送の儀式がタイムスケジュール通りに運ばれていく。そのスケジュールに乗った僧侶の読経は、遺族の心に伝わるはずもないでしょう。そこには死者のための葬送ではなく、儀式という意味しかないのですから。

誰のための葬祭なのか

葬儀費用が葬儀業者の言い値通りになりがちなのは、特殊な状況であることから悼む気持ちを金銭換算するのは不遜だという気持ちが遺族側にあるからでしょう。業者からパンフレットを見せられて「普通はこれくらいが一般的ですが、お宅様のご事情からしたらこのくらいのほうが…」などと虚栄心をくすぐられれば、金額はトントンと上がります。あとになってから予定していたより三、四倍の額になっている請求書を見てびっくりすることは多々あることです。

昨今の葬儀費用は都会の場合、平均で三百五十万から四百五十万円ぐらいというところではないでしょうか。

どうしてこれほどの高額な費用になるのでしょうか。

たとえば一般的なお葬式の場合、たいてい三段から五段の白木の祭壇を設えます。これが平均三五万から百何十万円ぐらいのランクの幅があります。

お葬式が立派かどうかは祭壇料如何だといわれるくらいに祭壇至上主義がまかり通っているため、葬儀社に勧められるままに葬儀費用はつり上がるのです。

また最近増加傾向にある民間斎場での葬儀の場合には、式場使用料だけで二一万〜二五万円。それに祭壇料、お経・戒名料などが加わって、業者まかせにした結果、何百万円単位になっていたなどは決して珍しい話ではないのです。

葬儀業界では、三件のお葬式で葬祭用品一式分の費用の元は取れるというのが常識になっています。つまり貸衣装方式なのです。

最近はそれでも利用者のほうも少しは情報に詳しくなっていますから、目茶苦茶なことは出来なくなっているようですが、数年前までは平均して粗利益が七〜八割とも言われる業界でした。

葬儀社の二十歳の社員の収入が月額百万円というところもあるというのですから、いかにおいしい世界であるかが分かります。

いまでは葬儀社が宗教法人やお寺と提携するのは当たり前、自分の斎場を持つ所も増えてきています。こうなると勝手に利益は転がってきます。

極端にいえば、斎場の祭壇も生花も一回目の葬儀・告別式のときのままにして置き、次の葬儀・お通夜では故人の写真と名札を取り替えるだけで済ませます。この方式で一日に二件の葬儀をこなすのは、葬儀業界では日常茶飯事なのです。

それもシステムがきちんと出来ていて、祭壇の上段に飾る生花は蕾のものを、咲ききった花は出棺のとき花首をとって柩に入れるため下段に飾ります。このように生花を配置すると祭壇に奥行きが出て、より豪華な演出が出来るわけです。

葬儀社のもつ斎場での葬儀の場合は、この方法で祭壇を飾る供花は三回廻しが当たり前と言われます。花屋さんが入っている場合にはせいぜい二回までというところでしょう。

柩の中にお花を入れるようになったのは、昭和四十年半ばぐらいからでしょう。葬儀上の意味などありませんが、より感傷的なシーンを演出するために頭のいい葬儀社が考えた舞台装置なのです。

このように葬儀の演出は「死者を弔う儀式」とは違うところでどんどんエスカレ

ートして、遺族にはわけの分からない高額な費用が請求されることになるのです。

死者を送る儀式は、御本尊にお香、ろうそく、そして庭に咲いている一輪のお花を供えることから始まっています。その本来の姿を見つめ直したら、祭壇至上主義の葬儀のあり様が奇異に見えてきませんか。


戦後、地方から中学を卒業して上京、金の卵として日本の経済復興に寄与した最後の世代といえば、いま五十代半ばになります。

故郷の親兄弟の生活を背負って働いてきた人たちの目標は、まず自分の家族を持つことでした。結婚から出産が終わると、次の目標はマイホームです。公団住宅から一戸建てへと目標は大きくなり遠距離通勤も苦ではなくなります。そして最後は自分の家に親を呼び寄せ、親の葬式を立派にしてやれること、その夢を叶えるために、一生懸命働いてお金を貯めてきたという人がたくさんいらっしゃいます。まさに戦後の立身出世物語の典型と言えます。

そうした人たちの家族への思いの上に、葬儀産業が乗って、喪のビジネスは急成長してきたともいえるのです。

最初は葬儀屋さんたちもそうではなかったはずです。遺族の悲しみを形にすることに知恵を絞り、遺族の心の癒しになる儀式を作ることに心を砕いて、ノウハウを学んだのでしょう。

都会で成功して、故郷から親を引き取ったものの、親は間もなく世を去ります。その親のお葬式には精一杯豪華なものにしたいと、一千万円も掛けた祭壇にした人もいます。

また、群馬にある会社の経営者の方は、長年連れ添った夫人の葬儀に、彼女が好きだった胡蝶蘭だけで葬儀会場を埋めて欲しいと希望されました。

その生花費用がざっと七千万円。地元の花市場から一週間、胡蝶蘭がなくなったほどの豪華さだったといいます。

喪主となったご主人は貧しさの中で一緒に働き、支え続けてくれた最愛の妻の最後の見送りなのだから一億円かけても惜しくない、とおっしゃったそうです。

世間にはそういう思いの方もいます。いや、もしかしたら「せめて最後の時ぐらいは豪華さに包んで送り出してやりたい」というのは、見送る遺族の多くが考えることなのでしょう。そういう人間の優しさを、上手にお金に換えてしまうのが現代の葬儀業者なんだといったら、言い過ぎでしょうか。もちろんそんな業者ばかりだとは一概にいえませんが。

第三章

はびこる喪のビジネス

自宅で死ぬこともままならない

厚生省の統計によると、自宅以外の病院などの施設で亡くなった人は最近では八七パーセントにのぼっています。おおざっぱにいえば十人のうち九人が、病院のベッドの上で一生を終える計算になります。

いまや自宅で死を迎えるには、心臓発作か脳卒中で急死するか、さもなければ自殺するくらいしかない時代になったと冗談ともつかない話も聞かれます。

たとえ自宅で息を引き取ったとしても、不審死とされれば警察による検死に送られるというご時世ですから、結局は病院に運ばれるか、あるいは入院したまま息を引き取るしか日本人の死に場所は失くなってしまいました。

戦前から考えたら百八十度の様変わりです。

「お医者さんに看取られて死にたい」これが戦前の大多数の貧しい庶民の願いでしたから、老親の願いを叶えて病院に入院させる息子や娘は、親孝行者だとされた時代があったのです。

それが戦後、女性の社会進出が盛んになるに連れて、老親の介護を家族がする時間的余裕がなくなります。普通なら自宅療養で済むような軽い病気も手軽に入院させるケースは多くなる一方と聞きます。

病院側も経営優先上からこの状況を拒みません。医学の進歩によって寿命がコントロール出来るようになり、延命治療はごく一般的な処置になった昨今です。本人の意志に反してベッドの上で何本ものチューブに繋がれてスパゲティ状態のまま、何日、何週間も生かされ治療費をつり上げられた末、死を迎えるということにもなります。

これからはますます自宅で死ぬことはおろか自宅療養も叶わなくなってくるのかも知れません。

しかしここ数年前から、自宅で死を迎えたいと言うお年寄りがとても増えてきました。

病いに疲れた心身にとって、何よりの特効薬は住み慣れた空間の安らぎなのかも知れません。自宅の壁のシミひとつにもほっとする気持ちは元気なときでさえ味わうのですから病んで気弱になっていればなおさらでしょう。自宅には長い歳月を過ごした暮らしのリズムがあります。それを急に変えてしまうのはとても不安なことに違いないのです。

ところが家族は、もし自宅で息を引き取られたらどうしていいかわかりません。自宅で死人を出すこと自体がそもそも怖い。死は日常生活とはべつの空間で起きるものだと思い込んでいるからです。

子供が転んだら危ないからと、石ころを全部取り去って平らな道にする。アスファルトは擦り傷をつくるからと人工芝を敷きつめる。包丁やナイフは持たせないし、火もつかわせない。そういう教育のもとで育った子供たちがいま五十代になり、年老いた親の最後をどう見送っていいかわからなくなっています。

二世代、三世代が一緒の暮らしの中では、老いも死も人間の自然の節理と教える場面があります。けれど核家族の中では、命の繋がりは見えません。

しかも唯一最後に残された「人間のいのちの重み」を伝える場であるはずの葬儀は、簡便な喪のビジネスのためのイベントになってしまいました。

現代は個人の自由も選択の自由も保証された時代だといいます。しかし真の意味においてその自由を享受出来るのは社会的に力のある強者のみで、年寄りや病人といった弱者にとっては、自分の意志すら伝えられないとても息苦しい世の中になっていることは間違いないでしょう。

こんな場面に出合ったことがありました。

そのお宅は人目にも羨ましがられるエリートのご家族ですが、高齢のご母堂が亡くなられた際、葬儀は知り合いのお寺でという意見になりました。ところがお寺の事情で葬儀は一ヵ月後でしかできないという話。

喪主である長男は、葬儀はこれまで世話になったそのお寺でやらないと××家の面子が立たないと、結局、母親の遺体を葬儀社の冷凍庫で一ヵ月間保管して貰うことになりました。

一ヵ月後の葬儀のとき、蝋人形のようなご遺体からは白い冷気が立ち上っていました。その光景を前にしてお葬式って何なのだろうと、改めて考えたことでした。

自宅で亡くなった場合は地元の葬儀屋さんか、あるいは電話帳から適当な葬儀社を選び出すということになるのでしょうが、病院で亡くなるケースが八七％にもなる昨今、ほとんどの病院には指定の葬儀社が二四時間体制で待機しています。大病院の場合で三社から四社、中小の病院でも一〜二社の葬儀社が当番制で入っているのは常識になっています。

葬儀社がその権利を得るのに最低一千万円から三千万円の金額が動いているといわれていますし、しかも裏金は死者の出る確率の高い病棟の婦長さんにも渡っているというのは業社間では常識となっているようです。

ご遺体が出ると葬儀社のスタッフが待機している病院内の控室に病棟の婦長から連絡が入ります。あるいは葬儀社の人間が医療スタッフと見間違う白衣を着て、病院を自由に歩き回り、遺体を探すことも許されているといいますし、病院によっては、病室まで葬儀社の社員が入ることを許可している所もあるといいます。

葬儀社はご遺体をストレッチャーに乗せて霊安室に運ぶ手伝いをするなかで、喪主との間で葬儀の営業を始めるという段取りです。

このときから人間の身体はモノとしての扱いになっているのです。

病院側の医療行為期間は人間の存在は厚生省の管轄ですが、死亡が確認され、霊安室に移された時点で通産省の管轄、つまり葬儀社の管轄は通産省ですから、公に遺体は商品として処理していいと認可されているのです。

病院と葬儀社の提携が強まった要因として、戦後の交通事故死の増加が上げられています。

交通事故での死者が一万人を越えた頃から、病院側は損傷の大きい遺体の処理に困って出入りの葬儀社を便利に使い始めました。損傷の激しい遺体を、遺族に会わせる前にきれいに補正して納棺する役割を葬儀社が担ったわけです。

病院と葬儀社という生と死を扱う機関が便宜上結びつくことの是非は一概には言えることではありませんが、ただ医療現場から即、死をビジネスにする業者に渡ることに対する遺族の心の痛みを無視することが果して許されるのだろうか、とつくづく思ってしまうのです。

人間社会の大切な何かが、そこからもまた潰されてしまっています。人の死の尊厳は大上段から構えるのではなく、日常的な眼差しのなかから人間の心に根ざしていくもののように私には思えるのです。

こうした現状にもうひとつ、わからないのは病院側の対応です。

病院から家族が遺体を自宅に連れて帰ろうとすると、葬儀社がご遺体を搬送します、素人さんの搬送は出来ませんといわれます。

しかし遺体を連れて帰るときに霊柩車でなければいけない、葬儀社でなければいけない、寝た状態で人を運べる車で搬送しなければいけないという規則はどこにもありません。もちろん亡骸を静かに安らかなままに連れて帰りたいという気持ちから、専用の車を便利に利用したいのはやまやまですが、法律上の規制はないということは知っておくべきです。

病院が「勝手なことは出来ない」とするのは病院と葬儀社との便宜上の約束事でしかないのではありませんか。

病院としては死亡診断書を出した時点で、少しでも早いうちに病院内から遺体を運び出して欲しいという意向がありますから、その要望に沿って事を運ぶ葬儀社は便利な存在です。だからときには霊安室の前を通り抜けて、そのまま搬送車に乗せてしまうケースだって出てきます。

病院と葬儀社の繋がりの事実を知って知らぬふりをしているうちに、人間の「死」は無味乾燥な事実としてしか存在しなくなるでしょう。

そのことがどんな人間社会を作っていくか。どんな心を次の世代が引き継ぐのか。それを考えたら、いかに生きている者の奢りが世の中にはびこっているかが見えてくるのです。

人間であれば死は誰にも必ず訪れます。そのときの自分の悲しみに思いめぐらす余裕のないほど、人間は欲望の奴隷と化してしまったのでしょうか。

葬儀の場所も自由にならない

病院から搬出されたご遺体の行き先は、本来なら長い間生活した自宅であるはずです。しかし、そうしたケースは最近では珍しいことになってきました。

その理由は自宅が狭くて葬儀をするスペースがないとか、自宅が賃貸マンションなので隣近所に迷惑をかけるのを避けたいなどがあげられます。そのためご遺体は病院から斎場へ直行するケースが昨今非常に増えています。

仮に家族が一度自宅に連れて帰りたいと主張したとしたら、葬儀社は「ご遺体をお寝かせするスペースがありますか?」と尋ねるでしょうし、賃貸マンションの場合はストレッチャーがエレベーターの中に入らない、通路が狭いし、それより大家さんが嫌がりますよ、と説明するかも知れません。しかし、賃貸でも家賃を払って借りている以上、大家が拒否できる権限は法律上ありません。

斎場でお通夜をする場合はもちろん式場使用料はかかりますし、夜九時以降は火気厳禁ですから、お灯を消した葬儀の祭壇に遺体は安置され、遺族は別の場所で通夜を迎えることになります。つまり、斎場であるにもかかわらず、死者と一夜の別れを行うという「お通夜」が実際には行われない結果になるのです。

私が驚いたのは、遺族から葬儀費用を安くしてほしいと頼まれたある葬儀屋さんがやったことです。

葬儀費用を安く上げるためにと、ご遺体を病院から運ぶのに営業用の搬送車ではなくマイカーを使用して、さらに斎場の手配上から遺体を入れた柩を乗せたまま、一晩自分の家の車庫に置いたというのです。

その結果、葬儀費用は三万円割安になったとか。

遺族から親切でいい葬儀屋さんと感謝されていました。

こんな話がお葬式の裏側に回ると、いくつも転がっています。それを耳にするたびに、この国の家族関係はどうなっているのだろうかと思うことしきりです。

ご遺体が家族と会うのは、納棺の儀式の通夜の数時間前。ご臨終です、と医師に告げられて以降、死を見守り、受容する時間の流れは排除されて、次に家族が会うのは斎場におかれた柩の中の冷凍人間になった故人です。

そうした既存の葬儀のあり方に疑問を抱く人たちが増えているのでしょう。生前葬を望む人たちが目立ってきました。

葬儀社でも生前予約をとるところが増えてきました。

自分はどういうふうに葬られたいか、と言う意思表示を生前にしておけば、葬儀はその予約事項に従って行われるというものです。

死後処理を生前に決めておけば、誰の手をわずらわせることなく、自分の人生は自分の手で整理できる。いかにも自己責任が求められる時代のニーズにあった爽やかな人生の幕引きの仕方というべきでしょう。

葬儀に関して法的な規制事項は、死亡後二四時間以内の埋火葬の禁止と遺体を柩に入れるという以外はまったくの個人の自由意思による行事なのです。

だから葬儀となればまだ画一的な仏式葬儀が大多数を占める昨今にもかかわらず、無宗教の葬儀や会費制のお別れ会、偲ぶ会といった自由葬をする人たちがここ数年前から目立って増えてきているのです。

核家族が当たり前になっている社会です。もはや老後は家族に頼れない、頼りたくないという高齢者の意識の変化や、一人暮らしの人が多くなったこと、「自分の人生は最後まで自分らしくありたい」と考える人が増えたことなど、いくつかの社会的な背景はあるのでしょうが、それ以上に形式至上主義で行われる儀式に改めて「お葬式って何?」と一人ひとりが考え始めたからではないでしょうか。生前予約の数の膨らみに、新しい価値観の広がりを感じます。

生前に自ら人生の幕引きの〝時〟である葬儀のあり方を考えることは今の自分の生き方を見つめることです。

限られた時間を意識し、本当に自分が欲しているものは何なのか。それを自分は手に入れたのだろうかを、嫌が上にも考えないわけにはいかないのです。死を前にすれば社会的な地位や名誉、プライドはなんの意味も持ちません。

必要なのは「生きていて良かった」と思える人生への手応えだけです。

私は「六五歳からの自己破産の勧め」という提言をしたいと思っています。

日本人の平均寿命を八十歳とすれば、六十代半ばからの人生はいわば〝実りの人生の収穫期〟です。

多くの人が六五歳まで一生懸命働いて社会に何らかの形で貢献してきたのですから、これからの時間はそれまで蓄えた人的、物的財産を全部使い切る時間と割り切って「自己破産宣言」をするのです。

その覚悟でこれからの人生をながめると、自分の中にまだ使い切っていないエネルギーがあることに気がつくはずです。

「自分の一生はこのままでいいのか」との思いにもなるでしょう。

「自己破産宣言」をして、仮に数年で無一文になったとしたら、そこからは国の福祉政策に頼ると覚悟を決めればいいのです。

それまで懸命に働いて高い税金を納めてきたのですから、働けなくなったら国に面倒を見てもらうのは当然の権利です。こういうと行政の方から叱られるかも知れませんが、精一杯働いて国を支えてきた国民に対するそれは国の義務だと思いますから。

たとえ財産を残しても、結局は家族争議の元になるだけ。家族間に罪をつくるだけです。それに老後をお金に頼っても、そのお金の引力で最後まで子供たちが看取ってくれる保証などどこにもありません。

高級介護施設に入居したとしても寝たきりの身体になれば最後は、病院か施設です。

逆に財産はなくても、最低限の福祉が受けられますから特別養護老人ホームにも入れます。病院で高価な薬の恩恵には預かれなくとも、最低限度の医療保障はされます。

老後の不安をお金で追い払うことは出来ないのです。手厚い介護施設に入れても、マニュアルどおりの介護の手厚さは受容できても、真の人の心の優しさはお金では買えません。

年をとってからでは自分が最も欲しいと思うものは、お金を積んでも手に入らない。そのことに気がついてほしいというのが「六五歳からの自己破産の勧め」の意味なのです。

日本人は世間体を気にしすぎて生きているように思えてなりません。そのことは「生活保護受給者数」を欧米各国と比較してみてもわかります。表①のように日本の生活保護受給者の割合は先進国の中でも極端に低いのです。この数字の背景には社会的システムの違いもあるでしょうが行政に頼りたくないという国民性も大きいのではないでしょうか。

言い換えれば、人間、どんなに財産を持っていても最後に行き着くところは大差がないということです。

ならば自分が働いた分は自分のために使い切って、身軽になって最後の時間を生きることのほうが幸せではありませんか。

少なくとも六五歳までがんばった人がもう一度これまでと違った自分にチャレンジ出来る最後に残された時間なのです。

その結果が実りある〝死〟という終焉に繋がるのではないでしょうか。

葬儀を自分の生き方の総清算と見据えれば、そこからどんな生き方をしたいかが分かってきます。

遺言書などいらない。人として生まれた幸せは、自分の生き方が遺言だと言えるかどうかだけなのではないでしょうか。

表①　生活保護受給者割合

イギリス	8.8%
スウェーデン	8.1%
アメリカ	7.9%
ドイツ	3.7%
日本	0.7%

※日本は極端に少ない

（日本医師会医療政策会議報告書より）

こんな介護を受けたい

今年四月から始まった介護保険制度は、高齢者の生活の幅を大きく広げました。しかし利用者の真の人権、というより尊厳と置き換えてもいいでしょう、その人の生き方が守られるかどうかはこれからの問題として残っています。

現在の介護サービスを利用するには、市町村の行政機関の窓口に要介護認定の申請をしなければなりません。申請を受けて調査員が要介護者の家庭を訪問して心身の状態をチェックし、データに基づいてどの程度の介護を必要とするか、主治医の意見書なども加味して介護認定審査会で判定します。その認定をもとに介護支援専門員（ケアマネージャー）が、利用者の希望や状態に応じた生活設計プランを作成する、という手順になります。

この生活設計プランを組み立てるケアマネージャーの仕事は、いかに高齢者の人生を豊かにするかどうかの鍵を握る重いものですが、この認識の甘さがさまざまな問題を浮上させているのです。

たとえば自分の意志を持てない人や痴呆症の人に対しては、本人に代わって意志決定をする第三者の助けが必要になります。その第三者を誰にするかというのはとても重要なことです。なぜならば介護費用という問題がからんできますし、やがては葬儀費用、財産相続という問題が発生してくるからです。

親の介護を他人に預けている家族のほとんどが、親の生存中は親の財産を当てにしないことを公言します。しかしその言葉は親の死によってガラッと様相は一変して、財産の多少に関わらず、家族間の揉め事が起きるというのが大方のケースです。

また一人暮らし方の場合は、家族間の相続問題はなくても、第三者が絡んで事件さえ引き起こしかねない状況も少なくありません。そのための最低限の防衛策は自分で意志決定できるうちに用意しておくことしかありません。

しかしこうした様々なトラブルの発生原因を見ると、互いの関係が近すぎたり、あるいは意思疎通が上手くできないことから、問題をさらにこじれさせる結果になっていることが多々あります。

要介護度別の標準的な状態

	要介護度		標準的な状態	サービス平均利用額（月額）
在宅介護	要支援		社会的支援を要する ・身の回りの世話の一部に何らかの介助を必要とする。 ・複雑な動作に何らかの支えを必要とする。	6.4万円
在宅介護	要介護	1	部分的支援を要する ・身の回りの世話に何らかの介助を必要とする。 ・複雑な動作、移動の動作等に何らかの支えを必要とすることがある。 ・問題行動や理解の低下がみられることがある。	17.0万円
在宅介護	要介護	2	軽度の介護を要する ・身の回りの世話や排泄、食事に何らかの介助を必要とする。 ・複雑な動作、移動の動作に何らかの支えを必要とすることがある。 ・問題行動や理解の低下がみられることがある。	20.1万円
在宅介護	要介護	3	中等度の介護を要する ・身の回りの世話、複雑な動作、排泄が自分ひとりでできない。 ・移動の動作が自分でできないことがある。 ・いくつかの問題行動や理解の低下がみられることがある。	27.4万円
在宅介護	要介護	4	重度の介護を要する ・身の回りの世話、複雑な動作、排泄がほとんどできない。 ・移動の動作が自分ひとりではできない。 ・多くの問題行動や全般的な理解の低下がみられることがある。	31.3万円
在宅介護	要介護	5	最重度の介護を要する ・身の回りの世話、複雑な動作、排泄や食事がほとんどできない。 ・移動の動作が自分ひとりではできない。 ・多くの問題行動や全般的な理解の低下がみられる。	36.8万円
施設介護	要介護		特別養護老人ホームに入所した場合	32.5万円
施設介護	要介護		老人保健施設に入所した場合	35.4万円
施設介護	要介護		療養型病床群に入院した場合	43.1万円

注：(1) 要介護度と標準的な状態は完全に一致しないことがあり得ます。
(2) サービス平均利用額は平成11年8月23日の医療保険福祉審議会で提示されたもので、今後変更することがあります。
東京都医師会

行政はケアマネージャーにその責任を預けて、是としていますが、そうした大雑把な目配りの陰に戸惑い、悲嘆にくれている高齢者がいかに多いかは、私に寄せられる相談件数だけを見てもわかります。

高齢者やその家族のこうした悩みや相談を、私は尊厳カウンセラーとして対応してきました。肉親の葛藤や感情のこじれ、あるいは高齢者の悩みの相談は、本人の意を汲み、第三者としての客観的な立場でのアドバイスが物事をうまく運ぶことは往々にしてあります。ことに相続などお金の絡む問題には当人同士よりも、中立な立場で意見を聞き、相互の気持ちをまとめられる第三者の存在は欠かせないといってもいいと思います。しかし、悩み事には弁護士など事務的な処理を優先する立場では解決出来ない心の問題も絡んできます。

高齢者やその家族が求めているのは、家族の絆を壊さない心の交通整理ではないでしょうか。そのことを私は尊厳カウンセラーとして見逃さないようにと、常に自分に言い聞かせています。

一人ひとりが豊かな人生の思い出を抱えて最後の幕引きが出来る幸せを味わっ

てほしい。そんな途方もないような夢を私は現実にしたいと大海原にひとり小舟を漕ぎだしたような思いですが、この愚直なほどの熱っぽい夢に多くの方たちが見るに見かねてか、支援の手を伸ばしてくださいます。

その中のひとりにケアハウスの施設長清水（仮名＝以下同）さんがいます。

清水さんは最初私の提案する葬儀のあり方に対して、生きているうちから葬儀を考えるなんて縁起でもないと思っていらしたようです。ところが一年後お会いしたとき、彼の口からこんな言葉が飛び出しました。

「自分が責任をもって生活を預かっている人たちの死は、他人事ではない。その人らしく最後を締めくくるために、真

介護福祉に夢を賭ける施設長のファイナルステージのモデルプラン

剣にあなたの提唱している新しい見送り方であるファイナルステージの意味を入居者に説明してくれませんか」

そして自らのファイナルステージのプランを提示し、入居者たちと「死に方」の大切さを語り合うことを始められました。

高齢者が自分らしい生活を最後まで守れるかどうかは、施設長のひととなりが大きく作用します。この清水さんが施設長を務めるケアハウスは、年齢制限のない終身型の施設です。そのため幅広い年齢層の、しかも様々な病気や心身の症状を抱えた高齢者が入居しています。その一人ひとりに毎日必ず声をかけ、たどたどしい老人の会話に耳を傾け、笑顔で励まして歩く清水さんの姿がいつもあります。

自分の席を温める暇もなくいつも忙しく駆け回っている清水さんは、いつもジャージの上下がユニホーム。お年寄りからは「いい男なんだからお洒落しなさいよ」と冷やかされています。

こうした施設には事務所の机から一日中離れなかったり、いつ見ても身だしなみが整っていたりする管理者は少なくありませんが、清水さんの額に汗して飛び回っている姿を見ると、なんだか嬉しくなってしまいます。

彼のような施設長が増えたときに、日本にもやっと豊かな高齢社会が実現するのではないでしょうか。そんな夢が清水さんと出会ったことで私の中で現実化し始めた気がするのです。

第四章

医療と葬儀のはざまで

医師への信頼が心を癒す

体調を崩して医師に診てもらいたいと思ったとき、あなたならどこに行きますか。たいていの人は大病院なら間違いはないだろうと考えます。最近のように大病院の医療過誤や医療ミスが続発すると、その信頼感は揺らぎますが、まず大病院というブランドに安心してしまうものです。

あるいは著名な医師がいるということで、選ぶ人もいるでしょう。そうやって訪ねたとき、あなたの担当医が信頼のおける医師であったなら幸せですが、逆に診断に対して、何かの違和感やもの足りなさを感じたらどうしますか。医師を代える、病院を替えるということまで考える人は少ないのではないでしょうか。そういう人に私は尋ねたいのです。自分の生命を預けているという自覚がありますか、と。

私は十代で胃の手術をしましたが、後遺症のため成人してからも腸のぜんどう運動が止まるという症状をずっと抱えました。そのため薬は手放すことが出来ず、結婚して東京で暮らすようになってからも、手術をした新潟の病院の担当医から薬をいただくという生活が続いていていました。

ある日、救急車を呼ぶ状態に陥り、運ばれた先の病院のA医師に出会いました。不安がる私に、A医師がおっしゃったのは、「医者が治せる病気なんて氷山の一角でしかない。だから治療出来るということだけですごく幸せなことなんです」

この言葉に私の不安感はほぐれました。

胃の手術をはじめとして大小合わせると八回の手術をして生き延びてきた私です。病気とはもう二人三脚のような関係、と悲しい冗談をいったりもして家族を戸惑わせますが、これから先もずっとこんな苦労をしながら生きるのだろうかと思うと、やはり暗澹とした気持ちになります。弱音をはく私に、A医師はこうおっしゃたのです。

「医学の進歩は日進月歩。今日生きていてくれたら、明日治せる方法が見つかるかもしれない。しかしあなたが今日生きることを諦めて命を絶つことがあったら、明日に希望を繋いであなたと向かい合っている医者の僕の悲しさと、あなたを大切にしている人の悲しみはどうなりますか。そのことを考えてごらんなさい」

病気と共存する方法を手探りしながら生きてきたはずの私は、思えば医師にいのちを預けていただけだったことに気がついたのです。病気を治すのは医師の仕事だと決めて掛かっていました。しかし、自分の病気は自分でしか治せないのです。治すためには真剣に医師を選ぶでしょうし、治療法も詳しく聞くでしょう。その努力もせずに、大病院の看板や名医という権威や知名度に寄りかかって、大切な自分の生命を預けている人がどれほど多いか知れません。

自分の生命は自らが責任をもつ。そのごく当たり前のことを私たちは忘れてしまっています。そうした自己責任を果たした上で、はじめて権利や主張が相手に通じるということもです。自分の生命を自分で守り、自己責任を果たす人をサポートする。それが尊厳カウンセラーの使命でもあります。

私たちは毎年一回シンポジウムを開いております。一九九七年のテーマは「安らかに老いる＝尊厳ある生―医療と福祉の現状と展望―」でした。その際、会場で来場者にアンケート調査を実施しました。回収数は百二十でした。

質問①あなたは自分の健康に不安がありますか

はい59％／いいえ41％

質問②病気になった場合、信頼出来る医師、病院がありますか

はい49％／いいえ51％

質問③病気になった場合、世話をしてくれる人がいますか

はい73％／いいえ27％

質問④体が不自由になった場合、どこで生活したいと思いますか

自宅　74％　病院　8％　他の施設（老人ホーム等）18％

質問⑤あなたは、死をどこで迎えたいですか

自宅　64％　病院　10％　ホスピス　20％　その他　6％

また毎日新聞の世論調査（'97・10・2）によると「老後の生活に不安がある」

と答えた人は三分の二を越えていました。「身体が不自由になった場合に生活したい場所」は自宅が六二パーセント、老人ホーム等の施設が二五パーセント、病院が一〇パーセントとなっていました。

この二つの結果から分かることは、身体が不自由になった場合でも死を迎えるとき、最も安心できる場所は自宅だということでした。それほど多くの要望があるのに、現実は実際に自宅で死ぬことは出来ないのです。その理由は、先にも書きましたが、高齢社会と核家族に伴う介護者の減少にあります。減少などと傍観者的に書きましたが、この現実に直面する人にとっては、減少ではなく皆無なのです。幸い介護者がいて、自宅で介護出来る場合でも、積み重なる時間の中で、介護者も介護される側も双方ともに疲れ果て共倒れになりかねません。かといって公的施設や介護保健システムにおける介護サービスで、体の介護は期待出来てもどこまでも個人の尊厳を守り、いきいきとした人生の末期を過ごすことが出来るのかといえば未知数なのです。たとえ体は健康であっても近くに近親者のいない生活では不安と孤独感に苛まれます。

こうした傾向は、終末医療のシステムにも見られます。患者からすると不安と根強い不信感が浮上してきます。先の毎日新聞アンケートの結果では、末期ガンの患者が治療・療養する場所として希望するのは、ホスピスが五〇パーセント、病院が二四パーセント、自宅が二三パーセントとなっています。この結果で不思議なのは人生の末期を自宅で迎えたいとする人より、ホスピスと答えた人が多かった点です。なぜホスピスを望むのでしょうか。治る見込みがないときに必要とされるのは、出来るかぎり痛みや苦しみを取り除き、自分の望む場所で一緒にいたい人たちに囲まれて最後のときを迎えたいという願いを少しでも実現することです。それが、その人の人生を決定する最後のライフスタイルといってもいいでしょう。

ちなみに昭和二六年には臨終者の大部分（八二・五パーセント）が自宅で死を迎えました。これに対して平成六年の臨終者のうち自宅で死を迎えたのは一九・九パーセントで、大部分（七三・六パーセント）の人は病院で亡くなっています。

しかも自宅で亡くなるケースは、年々減少の傾向にあります。これは現在の高齢社会に伴う社会環境の変化によるものと考えられます。高齢者の増加や核家族、独居世帯の増加、高齢者の離婚による家族体系の変化、非婚、晩婚などによる少子化の結果として病人や要介護老人の数に対して、介護や介助をする人が圧倒的に不足しているからなのです。そのために家族は心ならずも介護を必要とする病人や要介護老人の日常生活を施設にお願いしなければならないという現状にあります。

しかも全国的な状況はすでに介護保健制度の施行に見られるように、公的機関に止まらず、民間の企業に頼ってまで社会的な救済の道を設けざるを得ないほど切迫しているというわけです。こうした状況で私たちのもとには多くの相談が持ち込まれるようになったのです。次のようなお年寄りたちの声です。

「目が見えにくくなって一人暮らしは危ないから施設に入るように勧められました。でも、自分は最後まで自宅で暮らしたいと願っているのです」（八〇歳の一人暮らし女性）

「膵臓ガンであと三カ月と明日宣告される兄とどう向かい合ったらいいのでしょ

うか。教えてください」（三四歳の女性）
「自宅で死にたいという末期ガンの主人の看護が怖いのですが、どうしたらいいのでしょうか」（四〇代の女性）
「痴呆症の主人が散歩中に迷子になり警察に保護されました。施設に入れるように言われましたが、私の体力が続くかぎり一緒に暮らしていたいのです。どうすればいいでしょう」（七四歳の女性）
　私自身が二〇代から心臓病で寝たっきりになった父と、痴呆症になった母を看病して、ふたりの死を見送ってきました。そうした体験から言えるのは、人は各々自分のスタイルで人に迷惑をかけずに、自由に豊かに自分らしく生きたいと願っているということです。しかし、そうした願いはどれほど叶えられているのだろうかと問いかけてみると、その答えは恐ろしくはかないものでした。どうしてという疑問が強く沸き上がります。私自身もこれから年を重ねながら、どこでどう豊かに自分らしく生き抜くことが可能なのかと考えたとき、このまま歳をとり社会の迷惑になるからといって老人ホームの世話になり、若い人たちの大切な税金を使う生活は避けたいと願っています。何としてでも最後まで生活者として自分の生きてきた地域社会で生き抜きたいと思うのです。どうしたらそうなれるのかと真剣に考えた結果、尊厳カウンセラーを名乗りました。

在宅介護に必要な医の協力

本人が望むなら自宅で末期治療を受け、家族や親しい人に見守られながらという人生の終焉が、なぜ実現できないのでしょうか。いくつかの理由があげられます。

一つはかかりつけ医を持てないことです。

高度経済成長に伴い多くの人々が大都市に集中しました。その後の核家族化などで自分の生まれ育った家で老いを迎えることが稀になり、一方では生まれた土地を離れることで家族ぐるみでつきあう医師がいなくなったり、あるいは医師との関係が希薄になったりしているのが現状です。

かつてはどこの家庭もかかりつけ医を持っていました。いわゆるホームドクターです。子供が熱を出したといえば診療かばんを抱えて訪問してくれました。いたるところで白衣を着て自転車で往診するお医者さんがいたものです。

こうした医師たちも電話一本で駆けつけてくれるわけではありません。何度かの来診があり家族ぐるみ代々の付き合いがあって初めてかかりつけ医、あるいはホームドクターといえるようになるのです。つまりかかりつけ医は見つけるのではなく、家族総出で生み出すものだったのです。

ところが、そうしたかかりつけ医になって貰える開業医の世界も高齢化傾向が著しくなりました。さらに医学は飛躍的な進歩を遂げて、大学病院、大病院指向が強くなります。かかりつけ医の二代目も大病院に勤務したり大学に残ったりで開業医の後を継ぎません。患者も先端医療を求めて大学病院に通います。病気がブランドで治るわけでもないのですが、風邪でも熱でもとにかく大病院に駆けつけます。そのため大学病院の外来には長い診療待ちの列が出来上がります。本来、開業医と大学病院・大病院の役割分担が明確にされていたはずなのですが、その分岐点が不明確になってしまいました。

患者が大学病院や大病院などのブランドで医者を選び、開業医は往診を嫌がり、医療現場の役割分担が不明確になったことから家庭のかかりつけ医というシステムはすでに崩壊しています。そのため、在宅治療は著しく困難な時代を迎えました。

二つ目は家族関係の変化でしょう。

在宅治療を望みながら、実際には断念せざるを得ないのは家族構成も理由に上げられます。病人を介護する家族が誰もいないという現実です。介護するためには仕事を休んだり、学校を休んだりしなければなりません。しかも長期となると休むどころか、就業・通学を断念しなければならないことも起こります。

それに加えて介護する家族が仮にいたとしても、もちろん在宅死の経験など皆無でしょうし、在宅治療や介護にも不慣れな人がほとんどです。そのため介護する側の家族が介護や介助の経験が乏しく自信が持てないことも上げられるでしょう。

戦後は、女性も家事にしばられずどんどん社会進出しています。もはや介護のために女性を家庭にしばる事も出来ない時代で、介護する人も少なくなり、在宅治療は困難になったのです。加えて住宅事情も理由のひとつです。2LDK、あるいは3LDKに親子が住んでいると、その一室を在宅介護のために使うことになります。家族も病人も双方が不便さを我慢し、ストレスがたまるのは当然でしょう。それも在宅治療を困難にしている理由のひとつといえるでしょう。

三つめの理由は高齢者社会の波が押し寄せたことです。

全人口における高齢者の占める割合は一九九〇年で一四パーセント、一九九五年一四・六パーセントです。試算によれば二〇〇六年には二〇パーセントとなり二〇五〇年になると三二・三パーセントと言われています。

こうした試算によるとあと数年で全人口の五人に一人の高齢者が、やがては三人に一人となるということです。全社会における高齢者の割合が増えると、高齢者が高齢者の介護をすることになる、あるいはせざるを得ないようになるということです。いまでも八〇歳を越えた親を六〇代の子供が世話しているということも決して珍しくありません。老人による共生時代の到来なのですが、これは健康を前提とした話で、実際に共生ではなく介護の共倒れになる可能性も秘めているのです。
在宅医療に不可欠なのは自分のかかりつけ医（主治医）を持つことです。地域の開業医にはまだまだ優れたお医者さまが埋もれています。地域社会と開業医を結びつけるコントロールセンターの役割をする医師会が地域ぐるみの介護と看護体制の強化に乗り出し、在宅治療を可能にする役割を果たすことを期待したいものです。

人はなぜ自宅で死を迎えたいのでしょうか。誰もが等しく考えるのはひたむきに生き、無意識のうちに公共社会の一員として何らかの貢献をして人生をまっとうしていくことです。その間に誰も冒すことの出来ない生活のリズムを作り上げています。自宅以外での生活は仮に楽しい旅行であっても軽いストレスを感じます。ましてや長期の入院生活や療養は日常のリズムを崩壊して最大のストレスを生み出します。このリズムの崩壊の最大のものが「死」なのです。もし、あなたが最後の瞬間をどうしても自宅で迎えたいと願うのなら、それをいかにして実現するのか、あるいはその仕組みを作り上げることが尊厳カウンセラーである私の責務だと思っています。

同じようなことを考える人々は大勢いるようです。全国の老人施設は、ほとんどが、同じような使命感と責任感でスタートしたはずです。最近の老人施設では、痴呆症のお年寄りに対して家族的な環境のなかで日常生活の支援を行うことで、問題行動を減少させ穏やかな日常生活が過ごせるようなメニューが組み込まれています。

ところが、ここに次の課題、問題が隠れています。

人間が人間らしくあるいは自分らしく、人生をまっとうしたいと願うなかで、ある特定の目的をもって生活のリズムを意識的に作られ、その結果として問題行動が減少し、穏やかな日常生活を送っているように見えても、それはあくまでも第三者の視点でしかありません。果して本人が望んでいるリズムや指向と一致しているのかどうか、それは疑問です。生活リズムや習慣はまさに百人百色と言うべきで一律に考えるべきではありませんし、何もかもを同じようにすることは不可能です。なにやらこのあたりにも戦後民主主義がもたらした「悪しき平等主義」が顔をのぞかせているように思います。利潤と効率性を追求するあまり、またお互いの公平性を追求するあまり、最も大切な「個の尊重」が疎かになったのでは本末転倒と言わなければなりません。

私の関係した在宅治療（約百日間）の例を紹介しましょう。

老人ホームと病院の生活を十年間、交互にしたのち実の娘さんの所に引き取られ百日間の介護を受け、最近、八三歳で亡くなった女性の例です。

一年前から経管栄養補給の処置を受け、家族四人のローテーション介護で寝たきり状態で過ごされました。当初、故人の生活リズムがつかみにくく、特に痰の吸引除去や経管栄養のやり方に慣れるまでは大変だったようです。しかし、そこは親子の関係ですから、故人の生活のリズムを〝阿吽《あうん》の呼吸〟でつかんでスムーズにいったようです。長い間に培われた家庭内の生活習慣が根底にあったからのことでした。家族の手厚い看病で、心穏やかに旅立たれたあとの、お顔の美しさはお別れした人すべての驚きでした。

この際の旅立ちは、私たちの求める自分葬と呼ぶ見送り方でお手伝いさせていただいたのです。ステージは故人の好きだったお花で飾りつけ、ベッドや車椅子もそのままにして家族だけで最後のお別れをしたのです。

すでに成人になっていた故人のお孫さんは、自分の母親が祖母に対して行う介護・看病からお見送りまでの一部始終を側で見ていました。大変なインパクトを受けたらしく、のちに大きな財産を貰ったような気がするとおっしゃってくださいました。

母親を介護の果てに見送った娘さんは「母の看病を自宅でもっともっと続けたかった。在宅看護は恐ろしいと思っていたけど、他人に委ねるよりずっとずっと幸せでした」と涙ぐんだものでした。

在宅でのターミナルケアはかかりつけ医の協力があってのことです。そうした訪問看護の協力なしに在宅治療は考えられません。その際に最も大事なことは大切な人の人生を、単に社会のレールに乗せたり在宅治療のシステムによりかかって効率的にことを運ぶのではなく、その人のリズム、スタイルに合わせて組み立てるということです。

食事一つにしても十人十色です。朝食を食べない人、朝と夜だけの人、朝と昼だけの人等々、千差万別です。五〇歳を過ぎてから生活習慣を誰かに矯正されるだけでも、その人のＱＯＬ（生活の質・生命の質）を考えますと生き方の尊重には程遠いと思ってしまうのです。どんなに進んだ痴呆症や末期ガンの患者さんであっても、それまで楽しみにしていたお酒やたばこを体に悪いという理由だけで取り上げられたら、相当の苦痛を感じます。今まで夜中の仕事をしてきた人に、夜八時や九時の消灯時間の強制は個人の尊厳どころか地獄の苦しみを与えます。そうした点にも十分な配慮をした上でぎりぎりのところまで譲歩して自助努力で自分の生活をまっとうする方法を考えてみるべきなのです。

このように親族と同じ視点で、介護の段階から相談を受け、最後の日まで見送らせていただくのが、私の活動のひとつです。病や死は決して遠い将来のことではありません。人は生まれたときから死というゴールに向かって歩き続け、あるときは立ち止まり、人生を考えて再び走り出すこともあれば、しばし休息の後にゆっくりと歩き出す人もいます。同じなのは、ゴールがあると言うことだけで、それ以外は千差万別といっていいでしょう。したがって元気なときにこそ「死」のための準備をしておきたいものなのです。

まだまだ「死」という言葉には抵抗があるでしょう。であれば、自分らしい人生をまっとうするために、かかりつけ医はいるのか、自分が病に倒れたときは誰が介護してくれるのか、まさかのときには、誰に連絡を取ればいいのか、あるいは、そうした厄介なことを誰に託せばいいのか。そういったことを年に一度考える余裕は是非欲しいものです。

医師と患者のサポート役

ある男性が糖尿病を悪化させ、足の親指が壊疽《えそ》を起こして手術することになりました。

手術を一週間後に控えたとき、「本当に足の指を切り落とさなくてはいけないないだろうか」と私のもとに相談の電話がかかってきました。

人間としての〝死〟の尊厳を取り戻したい。その思いで新しい見送り方としての『自分葬』を提案してきました。そして、人の尊厳を守るということの延長線上に尊厳カウンセラーとしてアドバイスをする役割も大切にしてきました。

たとえば、こんな症状にはどこの病院がいいのでしょうか、という相談には、私の体験や医療関係者との繋がりの中から、その方に最良の情報を導き出します。

この男性の場合もそうでした。彼は手術を受けることになった医師の診断だけでは不安で、別の病院で診断してから手術をするかどうか決めたいと思ったようです。

一度、壊疽の専門医師の診断を受けたほうがいいだろう、と判断した私は、彼の入院先の病院から外出許可をもらい、B病院の糖尿病センターの医師に予約をとりました。

その医師の診察では彼の足の親指は切り落とす必要がないとされ、週に一度病院に通う程度でいいという結果が出ました。

半年病院に通って、男性の壊疽は治りました。しかし、糖尿病は完治したわけではありません。ですが彼は足の指を切り落とさずに済んだという安心感から、いつも満員の病院に通うのが面倒になったのでしょう。それから二か月余り過ぎた頃、糖尿病センターの先生から男性がずっと治療にいっていないことを知らされたのです。

その直後でした。男性の奥様から電話があり、彼は、現在、近所の医院に通って糖尿病の治療中だが、腫瘍マーカーの値が高いといわれ、紹介された大学病院で検査をしたら肝臓ガンの疑いが出た。手術をすることになったが大病院の教授だからお任せしてもいいでしょうか、という相談でした。

こうなるとこちらは何もいえません。

手術を控えた病院から強引に連れ出して糖尿病センターに紹介し、壊疽が治ると報告もなく近所の開業医に移り、そして今度はガンと診断されたら、大学病院の教授だから大丈夫ですよね、と聞かれても答えようがありません。

自分の生命なのに人に預けることしか考えていない。ただ大病院や教授という肩書に寄りかかって助けてほしいというのは、いかにも身勝手だと私には映ります。それもカウンセラーとしての仕事だと事務的に受け止めれば、こちらも当たり障りのない返事を用意するかも知れません。

ですが、私はそれが嫌で、人が尊厳をもって生きるためのお手伝いをする尊厳カウンセラーとしての役目を担ったのです。

相手の辛い思いや困惑した悩みと向かい合いたいと思うから真剣になります。ゆえに率直な言葉しか用意しません。それが双方の心の触れ合いに大切なんだと信じているからです。

話を戻すと、結局糖尿病の男性は、肝臓ガンの手術をする前の検査で昏睡状態に陥り、一週間後に亡くなりました。ご家族は「大病院の教授に診てもらえたんだから満足です」とおっしゃっていました。

もうひとつの例です。

四十代の男性がひどい腹痛を起こし、どこか病院を紹介してくれ、という緊急電話が私のもとに入りました。

近くの救急病院に行くように勧めて、すぐに私も病院に駆けつけました。ところが連休中で検査が出来ない。担当の医師は急性胃けいれんかも知れないと点滴をしてくれたのですが、男性の痛みはあまり治まった様子もありません。

連休明けに検査をするからと入院を告げられると、彼は強い拒否反応を起こしました。もともと病院内の消毒臭を嗅ぐだけでも嫌だという気弱な人ですから、入院すればそのストレスで精神的に参ってしまいかねない。だからどうしても自宅療養したいというのですが、その意志を自分の口から医師に伝えられないのです。で、私が彼のサポート役にまわりました。

「私が付添い役ですが、先生の診断はいかがでしょうか」

「まだなんともいえません」

「恐縮でございますが、先生のご専門は？」

途端に医師の表情が不機嫌になるのが分かりました。

「なんであんたにそこまでいわなきゃいけないんだ」

素人が聞いてどうするんだ、とその医師は思ったのでしょう。でも私には患者の男性をサポートをする責任がありますから、適切な処置がされているかどうか知っておく必要があります。ましてや人さまの命に関わることですから、いい加減なことは出来ないのです。

「いまの患者の痛みの症状を、消化器系の先生にご判断していただいているのか、それとも循環器系なのか、あるいは内科なのか、外科なのかをお教え頂きたいのです」

「何の権利があってそんなことをあんたがいうのか」

「わたくしども尊厳カウンセラーは、相談者である方の生き方に関するカウンセラー役という立場にあります。この男性が痛みのため思うように病状を聞けない状態なので、私が代わってお尋ねしているのです。先生の医師としての守秘義務もおありですから、おっしゃりたくなければこちらでお調べいたしますから構いませんが…」

私も紋きり口調になってしまいました。

迷惑顔の医師は「内科で、専門は循環器系です」と告げました。

「では、先生が確信をもって胃けいれんと診断して点滴をして頂いているわけではないのですか」

「痛み止めをしているだけで、検査をしてみないと病状はわかりません」

「それならば、痛みを止めて頂くことで、体力を消耗しないようにご指示をお願いいたします」

こんなやりとりをしたのですが、そうまでしてでも病人がいまどんな手当てをしてもらっているかを把握しなければ、サポート役は務まりません。

結局、連休明けの検査で、男性の腹痛は寄生虫アニサキスによるものと分かりました。

尊厳死という落とし穴

回復が見込めないなら延命処置はいらないと考える人が増えています。死の床で何本もの細い管に繋がれて死への時間を引き延ばすよりも、人間らしい姿で終わりたい。自分の意志で人生の幕引きをするのは当たり前のことなのだと、誰もが気がついたのでしょう。尊厳死協会の発行する「尊厳死の宣言書カード」は延命処置をしたくない本人の意志を伝えるものとして医師会も認め始めています。ただし、これは本人の宣言書であっても、実行力のない遺言書と考えたほうがいいでしょう。

たとえば尊厳死カードを持っている人が、臓器提供を承認するドナーカードを持っているとします。家族も臓器移植は本人の意志だと了承しているとして、この場合一番混乱するのは医師側です。なぜなら、本人が望む尊厳死のための対処療法は最小限に抑えて自然死の状態に運びます。

一方、臓器提供を考えた場合、最も必要になるのは臓器機能を最良の状態に保つこと。そのためには人工呼吸器や人工心肺などが欠かせません。つまり尊厳死を望むことと臓器移植を希望することとは相反する治療行為になるのです。そうした事実をドナーカード登録者のどれほどの人達が理解しているかを考えると疑問です。

ドナーカードが若者の集まるコンビニエンスストアなどに置かれ、十八歳以上ならOKという気軽さで現在六百三十万枚（2000年9月30日現在）もが出回っています。臓器提供についての満足な知識も情報も持たずに、若い正義感やあるいはファッション的にドナーカードを持つ若者たちがいることを、厚生省や文部省はどう考えているのでしょうか。

知人に高校生になる息子さんがいます。その子がある日、母親に「保護者の欄にサインしろ」といってドナーカードの申込書を持ってきたそうです。

そのとき彼女は「お前にはいのちの重さがまだ分からないから、親として私はサイン出来ない」と言ったそうです。それでもその子は「いいから、書け」と命令して「俺が生きてきた証としてやりたいんだ」といったのだとか。「どうしょうか」と困り果てた彼女は、私に慌てて相談してきたのです。

私には、ドナーカードを持ちたいという彼の優しさは認めてあげたいという気持ちがあります。しかし、カードを持つかどうかは、臓器を提供するということがどういうことなのかを知った上での話だと思うのです。

私が知っていることを詳しく説明してあげるから、それでも彼の意志に変わりがなければ、そのときはサインしてあげたらどう？と彼女に伝えました。

でもそんなことをするまでもなく、息子さんの熱は親子間のすったもんだのやりとりのうちに冷めたようでした。

そういった若者たちの熱しやすく冷めやすい感覚を背景に、ドナーカードが六百三十万枚も発行されているとしたら、ちょっと怖いことです。

それでは生まれて間もなく亡くなった赤ちゃん、あるいは物心がつくかつかない時期に旅立った幼子、すでに体は大人なのに年齢だけが社会からも親からも大人と見なされない十五歳未満の青少年の生前の意志は、そして尊厳は守られるのでしょうか。結論からいえば、十五歳未満の生前の意志はおおむね親によってのみ実行されます。だからこそ、親は責任を持って、自らの子供が自らの信条と意志を主張出来るまでに育てることが大切になってくるのです。そういう意味で、親子で人間の尊厳について語りあい、お互いの結論を出しておくことも大切かも知れません。

ちなみに日本医師会は末期医療に関して次のように報告しています。

「患者の自己決定としては、民法との関係から、15才以上の者が自ら書いたものであることが本来は必要とされようが、自らの意思決定をする能力がある場合には15才未満の者でも差し支えない」（「末期医療に臨む医師の在り方」についての報告　平成四年三月九日　日本医師会第Ⅲ次生命倫理懇談会）

これによれば、本人の能力さえ認められれば十五歳未満の生前遺言は無効にはならず末期医療のイニシアチブを持ち得ることになるのです。それなら死後の葬祭の在り方にも十五歳未満の生前の意思表示を実現可能なものにしてくれる何かが必要と言えるでしょう。

また、こんな話が現実にあります。

五十代の男性が心臓発作を起こし、救急車で病院に運びこまれました。病院では着ていた衣服を切りとって手当てをしたものの助かりませんでした。家族は遺体を連れて帰ろうとしたのですが、切り刻んだ衣服しかありません。慌てて飛び出してきたからパジャマも浴衣の用意もない。しかも連休中で病院の売店は休み。近所に店もありません。突然の事態に動転したままの家族は、裸の遺体を連れて帰れないという思いのほうが先立って困惑するのみ。で、病院側からの病理解剖の申し出を了解したというのです。むろん本人の意志など家族は知る由もありません。

この話を聞いて、思わず普段から家族との間で、自分が何をして欲しいか、欲しくないかを伝え合うことがこれからはますます必要になってくることを感じました。

いまの時代、ドナーカード慎重論をあえて口にする私のような人間は、白い目で見られがちですが、強いて声を大にするのは医療への不信感を取り除き、臓器移植のためのシステムを再考して欲しいからなのです。

自分のいのちは最後まで自分らしく閉じたい。その思いに素直になればなるほど、安易なところで妥協はしたくないというのが私の本音なのです。

たとえば、こんなことがありました。

若い母親が出産の後、脳死状態になり、植物人間になってしまいました。夫は彼女が延命処置を望まないであろうことは推測できましたが、生まれた赤ちゃんにとって母親の肌の温もりはかけがえのないものです。彼は植物状態のまま彼女に生きてもらうことを希望しました。

それから一年間、赤ちゃんは植物状態の母親の体温に抱かれながら、すくすく育ちました。ものも言わない母親の温もりが小さないのちの芽を育て、生きるエネルギーを与えたのです。同じようなケースで、出産後植物状態になった母親に赤ちゃんを抱かせたら、母乳が出たという例もあると聞きます。

人の死が輝きを放つのは、次代に託せる何かがあるからでしょう。それは故人の人生であり生き方かも知れない。無言のなか次の世代が読み取る何かがあります。尊厳とは何かを考えるとき「生」と「死」は同じ重みになるはずです。

第五章

自分の意志を貫いた人たち

はじまった新しいスタイルの葬儀

家の宗派さえ何かも知らなかった人が、死ねば当然のように仏式葬で送られます。遺族も儀式をつつがなく終えることに気を取られて、死者を弔う心のゆとりがないというのが実情でしょう。

あの方のお葬式は良かった。この方のお葬式は寂しかった。葬儀に参列するとそんなことを思って帰ってくるのですが、決して葬儀の豪華さや地味さをいうのではありません。いかに心のこもった見送りの儀式に出合ったかどうかです。

お葬式はあとに残る遺族のための儀式とはよく言われることですが、果してそうでしょうか。

たしかに葬儀は死者と生者の心の区切りをつける別れの儀式でもあり、遺族と社会との結びつきを再確認する役割もあります。

でもそれ以上に葬儀は死者の最後の括りの舞台なのです。その人らしい人生の幕引きの形があっていいと思うのです。

もっといえば葬儀の様式も故人の一生の一番いいときの思い出を背景にお見送りすることではないでしょうか。私たちは従来の形式にとらわれない見送り方を、さらに「心」をこめてファイナルステージと呼びます。

幼い頃に脳性マヒに罹り、重度障害者になった三十代後半の男性がいます。二歳年上の奥様とは二十代半ばに結婚、現在五人のお子さんがいらっしゃいます。その方は自身のファイナルステージのモデルプランを作りました。

自分の病気のことを考えればある程度の覚悟をしておかなければならないと、彼はお子さんたちによく天国の話をするのだそうです。

死ぬとはどういうことなのか。毎日を一生懸命生きていれば、死んでも童話の絵に出てくるような可愛いいエンジェルたちに手を引かれて、おとぎ話のような世界に連れていってもらえる。だから死ぬのは悲しいことでもないんだよ。そう日頃から教えているのだそうです。

だから自分のファイナルステージは、日頃から子供たちに語っている世界にしたいと、天国への道をステージでイメージしたのです。

好きなバラの花のアーチを潜った奥に柩を置く。傍らには自分が子供の頃の写真アルバムを積み上げる。そして柩の前には結婚したときから毎年一回、家族と撮った記念写真のアルバムを置いて、会葬者に見ていただく。

弔問客には、ワインの好きだったことを思い出して欲しいと、赤ワインで献杯。これを見送りの儀式にする。お焼香や献花は一切しない。帰りにはバラの花を一輪「ありがとう」の感謝の言葉に代えてプレゼントする…。

こんなふうに最後の〝時〟の舞台を描いたのです。

自分らしい人生の閉じかたを考えるこ

大切な子供たちへいのちを繋ぐお父さんのプラン

とは、いまの生き方をも見つめることになります。彼は改めて、健常な子供たちに恵まれた幸せ、障害者である自分の人生を支えてくれる妻と出会えたことの幸せ、家族の笑い声が耳に届く幸せ…ひとつひとつに感謝の思いが湧いたのでしょう。家族に対して素直に「ありがとう」の言葉が出てきたといいます。彼の企画したファイナルステージを見て、最初は不可解な表情だった夫人の七十幾つになるお母さまが、ほんとうにこんなお葬式が出来るんですか？とびっくりしたような顔をされました。

そして「いろんな儀式の中でもお葬式だけは変えられないものだと思っていました。でも死のときがこんなに明るく、自分の思うようなお葬式が出来るのだと分かったら、死を怖いと思う気持ちがなくなりました」そうおっしゃったのでした。

私がこのファイナルステージの説明をしながら思うのは、親が、夫が、妻が、何を考えて生きていたか、をこのときに初めて知ったという人があまりにも多いということです。

たとえば四七歳の男性は八三歳になるお母さんのファイナルステージのプランニングをして、今日まで母親のことを何も知っていなかったことにショックを受けたといいます。旅立ちの衣装は何がいいのと聞いたとき、ちょっとはにかんだようにして母親が告げたのは、二十代の頃に着た付け下げでした。

早くに夫と死別してから看護婦として働きながら彼を育てて来たお母さんは、毎年お正月の病院の新年会に、必ず着物で出掛けたそうです。

「多分、好きな医師でもいたんでしょう。付け下げには彼との思い出があるのかも知れない。ぼくが若いときだったら多分複雑な思いになったんだろうけど、いまの僕は、母にも女性としてのロマンがあったことがうれしい。ホッとした気持ちになりました」

彼の言葉に私もホッとしたものでした。

また別の女性は、母親の好きな色は紫と思いこんでいたのに「黄色よ」と言われて、長い間、母親のことを気にもしてこなかったことに気づいたそうです。

忙しい現代社会の中では、家族であっても知らぬうちに距離が生じています。その隔たりに気がつくチャンスは、大切な人を失ってからではなく、早い時期に知ることが出来たら、後悔しない生き方が出来るかも知れない。

死と向き合うというのは、そういう大切な宝もの探しなのです。

家族の絆

入院していた父親のファイナルステージを企画した男性がいました。

次男の彼は、日曜日や休みになると父親を訪ねて、食事の世話とおむつ交換をしていました。あるとき寝ている父親が「船が着かない…」としきりに寝言をいいます。

「お父さん、どんな夢見てたの」と彼が聞くと、父親は笑って「若い頃の夢を見てたんだよ」と教えたそうです。

八十代になる彼の父親は、長年、貿易会社に勤めていた人です。外国との輸出入の仕事上、取引を直前に控え、予定通り約束の船が到着せず、何度も冷や汗を流すような思いをしたそうです。最近はその頃のことをよく夢に見ると語り、「もう一度背広が着たいなあ」と、遠い目をして呟いた表情が息子の心に残ったのです。彼は実家に帰ってアルバムを探し、中に若い頃の颯爽とした背広姿の父親の写真を見つけました。

その写真を彼は父親を送るステージの中央に飾り、思い出をひとつひとつ形にしていったのです。

彼が子供の頃の記憶にある父親は、会社から帰宅すると真先に冷えたサラダを食べながら、好きなレコードを聞くのを楽しみにしていました。

ですから父親の柩の横には、いつもサラダに入れていた赤唐がらしの束とクラシックからジャズまで好きだったレコードジャケットを重ねて置きました。七十歳を過ぎても続けていたテニスのラケットも一緒です。そして柩の上に好きだった真っ赤なバラの花をちりばめて、ベートーベンの『皇帝』の調べの中で出棺を見送る。そんなファイナルステージを作ったのです。

それは日曜ごとに世話をしながら交わした会話の中で、息子の彼が知った父親の一番幸せな人生の時間の中の絵でした。

むろん、初めからこうすんなりと事が運んだわけではありません。

次男の彼がこんなファイナルステージで父親を見送りたいといっても、意見の優先順位は母親であり、兄です。反対されれば不可能でした。

幸いだったのは、儀式という形にこだわらないご家族だったこと、長い療養期間だったため、家族の心の整理が出来ていたことでした。新しいスタイルの自分葬（ファイナルステージ）に家族からの反対の意見はありませんでした。

むしろこの父親を偲ぶ形の葬儀を考え

父親の８０年の人生の豊かさを子供たちは見送りの中で知ったのです。

ることで、家族が心を寄せ合うことになったといってもいいかも知れません。

父親が危篤になったとき、彼は愛用のテニスウエアをもって病院に駆けつけて、息を引き取った父の着替えを看護婦さんと一緒にしています。傍らで見ていたお兄さんも、「おまえがやるんだったらオレも手伝うよ」と手を貸したそうです。

彼から連絡を受けていた私は、すぐに準備を始めました。

そして赤いバラの束を飾らずにそのまま柩の前にさり気なく置いたのです。あくまでもご家族の意志でどうするか選んでいただこうと考えたからです。

真っ赤なバラの花束を見た母親は、「お葬式の赤いお花っていいものね」と喜ばれたとか。

父親が一番輝いていた時の記憶を呼び戻すようなファイナルステージを、家族がさまざまな思いで眺めたからでしょうか。

それまで体調を崩して体を動かすのが辛いからお骨拾いには行けない、といっていた母親が「私も行くわ」というのを聞いて、家族は救われたような気持ちになったといいます。

父親の人生の幕引きをやり終えた彼に、普段はろくに口もきかない高校生の息子がボソッと「おやじ、ごくろうさん」といったと、彼は私にとても嬉しそうに語っていました。

喪主ではなく夫として見送りたい

お互いが四一歳になる吉田（仮名、以下同）さん夫婦は、傍目から見てもじつに仲のいいご夫婦でした。二年前に奥様が交通事故に遇ったことがきっかけで乳ガンが発見されました。難しい手術も二人で乗り越え、何とか退院して二人で治療に取り組み、自宅療養で病と闘って来られました。

ある日、その吉田さんから電話があったのです。吉田さんの声は沈んだものでした。奥様が再入院されたというのです。

「実は妻のガンが再発したようです。男の子が三人いるので何とか自宅療養をしたいと主治医にお願いしたのですが、相当に体力も衰えており、絶対に入院が必要だと言われ、なおかつもう退院の可能性は難しいでしょうと宣告されました」

訴える吉田さんも辛かったでしょうが、聞かされる私も辛かったのを覚えています。入院してからも、日々に痛みの激しさを訴える奥様の姿を見かねての相談だったのです。

「実は、二人で語り合ったんです。まさかのときには、絶対にこの自宅から見送って欲しいって彼女がいうものですから、それで約束をしたんですよ。そんなことが可能なんでしょうか」

吉田さんの自宅は建築家であるご自身が設計したものでした。私が気になったのは、吉田さん自身がすでにガンとの対決を諦めた様子があったことでした。事を性急に考えなくてもいいこと、いまは奥様の病と正面から向き合って決して諦めないで最後まで後悔のない時間の過ごし方を真剣に話しました。吉田さんから状況を聞きながら、冷静に判断してそれほど残りの時間がないことも理解出来ました。そこで私は吉田さんに、この事を知っているのは誰でしょうかとお尋ねしたのです。

「妻はちゃんと理解しています。彼女の希望で子供たち（小学校六年生、同一年生、四歳）には話しておりません。妻の両親はすでに他界しておりますが、私の両親には説明してあります」

話を聞きながら、四一歳のこの吉田さんには、わずかな時間の中で、まだ幼い子供たちに、最愛の母の死に対する現実を受け止めさせることは難しいのではないかと考えはじめていました。最愛の人の死をたった一人で背負うことは決して簡単なことではありません。たとえどんなに苦しくても辛くても、父親である吉田さんが現実を直視して峻厳に受け止めなければ、子供たちには辛い思いを重複させるだけの結果になりかねません。最

大好きな赤やピンクの花々に囲まれた遺影から「ありがとう」の優しい声が聞こえてきそうでした。

も心したのは、その部分でした。

子供たちの心を乱すことなく、最も残された人たちの心を代弁したお見送りにしたいというのが、いつの場合も私の基本的なスタンスでした。そのためには一番傷つきやすい部分から対応しなければなりません。吉田さん一家の場合は、三人の子供たちです。

三人それぞれの様子を父親である吉田さんからうかがいながら、ひょっとするといちばん上の小学校六年生のお兄ちゃんが、吉田さんの理解者になってくれるかも知れないという思いをもちはじめたのでした。

私は、ご夫婦の生い立ち、若いころの話、そして奥様との出会いと結婚、出産から子育てなど、とにかくすべてを知っておきたかったのです。

そんな話し合いの中で、吉田さんは感極まって涙を見せたのです。おそらく、乳ガン発見からこれまでの二年間、耐えに耐えてきた緊張の糸が切れたのかも知れません。でも、この涙はこれまでたった一人で背負ってきた使命の重さを軽くして、肩から力を抜いて自然体で、これから起こりうるであろうことに対応する力を生み出すエネルギーの素だったような気がします。

こうした吉田さんの気持ちが、私たちに、夫婦で築き上げた思い出、両親の子供にかける思いなどを最大限に尊重したお見送りにするための準備を進めさせたのです。気を取り直した吉田さんに奥様の状態やお子様の様子に変化があったときは、いつ、どこにいても駆けつける用意をしてありますから、遠慮なく連絡して下さいと伝えました。そして、奥様が一番好きだった洋服を旅立ちの日に着ていただくため、確認して準備して欲しいと申し上げたのでした。

この日はそんな客観的な状況だけをうかがって改めて吉田さん宅を訪問する日を約束してお別れしました。

子供たちの動揺が信頼に

吉田さん宅を訪問したのは数日後でした。吉田さんの希望は子供たちが寝静まってからということでしたから、玄関のチャイムを押したのはすでに午後十時を過ぎていました。それでも直後に小学校六年生になる長男の誠（仮名＝以下同）君が塾の時間が予定より長くなったと言いながら帰宅したのでした。

夜遅いこともあったせいでしょうか。誠君は妙に私たちスタッフのことが気になって仕方がないようでした。当然のことかも知れません。言葉に出さなくても、入院しているお母さんのことでやって来たことは本能的に察知したはずです。それでも、学校での出来事や塾での勉強など、日々の生活のことを話題にして語りあっているうちに、打ち解けてきたのか、敵意のある訪問者でないことを理解してくれたようでした。

そのうえ、長男という立場もあってか十分に自分の家庭の状況を把握していて、あたかも私たちに、自分はこれから何をすればいいのだろうかと問いかけてくるような印象さえ持ったのです。この子たちのためにも悔いのないお見送りをサポートしてあげたいと決意をあらたにしたのです。

この日の夜、私たちと吉田さんとの間で確認されたのは、次のような基本プランでした。

☆どうしてもお願いしたいこと

病院からの遺体引取は自分たちの愛車で自宅まで連れて戻りたい。

お通夜は身内と親しい人たちで行う。場所は自宅二階。参会者の服装は、出来るだけふだん着で来ていただきたい。

告別式は菩提寺の墓に入りたいので住職を呼び、葬儀式にする。全体的に儀式ぽくしたくない。

（最後の最後まで吉田さんの心の動きに合わせました。結果は住職を呼ばない新しい形の自分葬となりました。）

☆知らせて欲しいひと

お通夜は親族が連絡する

告別式は日常的なお付き合いの範囲で、約百五十人

☆送って欲しい場所

自宅

☆着ていきたい服

大好きだった洋服（事前に準備して病院に運んでおく）
☆持っていきたい物（大切にしている物）
大切にしているものはスヌーピーのグッズ
☆最後のすみか
白い棺
☆飾って欲しい花
スヌーピーの赤、漫画「リボンの騎士」の主人公がつけているマントの裏地と同じ色のピンクが好きな色。ご主人の好きなユリ、桔梗など
☆流して欲しい音楽
南こうせつとかぐや姫の曲すべて
☆飾って欲しい写真、もの
手編みのセーターを着て友人に写して貰った写真
☆食べて欲しいもの
寿司が好き。ラーメンも好き

☆飲んで欲しいもの
酒はあまり飲まない
☆プレゼントしたいもの
コーヒーが大好きでいつも飲んでいるインスタントコーヒーをかわいい包装紙に包んでカードをつけて送りたい
☆伝えたい言葉
『ありがとう』
☆美しく旅立つエンバーミング
なし
☆帰りたい場所
奥さんの実家の菩提寺（ご両親が入っている）

基本的なプランから分かるとおり、吉田さんはなるべく形式的な儀式ではなく、親族や身近の人たちだけで見送りたいというのが基本姿勢でした。

吉田さんの奥様の性格は明るく天真爛漫であるともうかがいました。料理は決して得意ではなかったようですが、編物は大好きで、お子さんのセーターや身のまわりのものをよく編んでいたそうです。きっと吉田さんには、そんな奥様の姿が焼きついているのでしょう。

大好きなものにスヌーピーが登場するのは、奥様がスヌーピーマニアだったからです。お子さんのTシャツや食器類はスヌーピーに囲まれていました。

夫妻ともスキーが趣味で、そもそもの出会いも蔵王スキー場でした。長男長女だったことで吉田さんのご両親から結婚に反対されたそうですが、駆け落ちに近いかたちで結婚までこぎつけたのでした。

奥様はショッピングが好きで、よくブランドものを中心に買い物をしていたといいます。特に赤とピンクが好きだったとうかがいました。また、料理は不得手でしたが、食べるのは大好き。でも決してグルメではなく、贅沢できるときはお寿司、普段はラーメンが大好きで、ファミリーレストランでもラーメンを食べていたそうです。

思い出のドライブコース

いよいよ吉田さん夫妻にお別れの日が来てしまいました。私たちが吉田さんから悲しい第一報をいただいたのは秋のお月さまが輝くような夜でした。事前に相談したとおり、私たちの担当者が病院に駆けつけました。

病院側は遺体処置が終わると、直ちに霊安室への移動を行います。吉田さんとの事前相談では、奥様に着ていただくお召し物を決め、病院に準備していただいているはずでした。しかし、心に決めても、やはり辛かったのでしょう。あるいは、まだまだ先のことにしておきたいという潜在意識があったのかも知れません。

吉田さんが自宅まで準備した洋服を取りに戻るまで、前もって看護婦さんに話しておいてもらったのでご遺体の処理を待ってくれました。

その間、子供達は奥さんの妹さんと一緒にお母さんとのお別れの準備をしはじめました。前もって主治医の先生にお話しておいたように吉田さんの希望でご遺体は、愛用していた乗用車の助手席に横たわらせて自宅に戻ります。病院にとってはこれまで例のなかったことらしく、最初は看護婦さんたちの間に多少のざわめきがありましたが、吉田さんの気持ちを察して、それが実際に行われることになると、むしろ、彼女たちの間には感心と感動の渦が広がりました。

吉田さんにとって大好きな車で家族五人の最後のドライブです。三人の子供を乗せて一時間にわたり子供たちの生まれた病院を回り、一人ずつ誕生の様子を語りながら、それぞれがどんなふうに生まれて来たか話して聞かせたのです。そうすることで子供たちに、お母さんとの別れの悲しみを癒し、認知をさせていこうとするみごとな父親の態度でした。

ご遺体は、最もご本人が気にいっていた花柄のワンピース姿で自宅に戻って来ました。私と親族の方たちが玄関でお迎えをしました。子供たちから涙は消えていました。狭い階段を上がる際、小学校六年生になった長男が、ご遺体の足をしっかりと持ってくれました。私は彼に「ありがとう、お母さんもきっと喜んでいらっしゃるわ」と声をかけました。ご遺体が安置される場所は、自宅二階のリビングでした。家族全員がお気に入りのソファの上にご遺体を安置し、その前に焼香台を置き、その場にいた人全員で、お焼香をして手を合わせました。

四歳になる末っ子の修（仮名＝以下同）君がその場の雰囲気がただごとではないと感じて、私の洋服の裾を引っ張りながら、質問しました。

「ねえ、僕のお母さん、どうしてお話しないの。どうしてみんな、お手てを合わせるの」

相手が幼いだけに辛い質問です。私は誠意をもって答えました。

「お母さんは、これから修君がどこにいても一緒にいられるように、少しずつお空に上がっていくのよ。下にいるみんなが駄々をこねると、お母さんが心配してお空にあがって行けないから、困らせないようにしようね」

そう言って私はお線香に火をつけて一緒に手を合わせました。お線香から立ちのぼる煙をみながら修君が質問します。

「この煙はなんなの」

「この煙は、お母さんがお空から皆をしっかり見えるように、お空に登っていく道しるべなのよ」

修君は納得したようでした。お兄ちゃんの誠君はしきりに両手で涙を拭っていました。私たちは一番幼い末っ子の修君が恐怖心を持たないように、吉田夫人の旅立ちの儀式に、一切の白布を排除しました。一般的にはご遺体の顔には白布をかけるのですが、これも辞めました。いつでも、誰でもが、生前の面影のまま対面出来るようにしたいためです。これには吉田さんも賛成してくれました。

こうした吉田さん宅では、それぞれの遺族がそれぞれの立場でお別れの準備が静かに始まったようでした。吉田さんはこれまでの看病と悲しみ、そしてこれからのことなどで、相当に疲れていらっしゃったように見えましたが、しっかりとお別れの手順を進めていったのでした。

お母さんのコーヒーの香り

ご遺体が自宅に戻られた翌日、通常、お通夜と呼ばれる式典の準備が朝から進められます。基本的な弔い方、おもてなしの仕方は、喪主である吉田さんとは合意があるのですが、初めて訪問されたご親戚や、ご近所の皆様には多少の戸惑いもあるものです。そのためにお見送りの手順、質問に関しては一切私たちスタッフに聞いてもらい、吉田さんと子供たちには、お母さんとのお別れの時間を十分にとってもらいました。

すべて私たちの責任で吉田さんの希望の準備を進めます。最初はこの人たちは何なんだという様子で見られますが、お見送りのサポートに取り組む姿勢や立ち振る舞いが批判的な視線を説得に変えてくれます。

そうした理解の輪が少しずつでも広がることが、喪主はもちろん、私の疲れを癒し、次へのエネルギーに変えてくれるのです。

末っ子の修君が、お母さんの大好きだったお寿司を小さなお皿に取り分けて、遺体の口許に持っていきます。

「お母さんが、食べないよ」

そういって私をつっつきます。

「あのね、お母さんは、もう食べなくてもいい世界に行かれたのよ。だから、お母さんの代わりに修君とお兄ちゃん三人で食べてあげるとお母さん、とっても喜こばれるわよ」

そんなやり取りを聞きながら、吉田さんは、翌日の葬送で紹介する「お別れの言葉」を私のアドバイスに従って書き直していました。吉田さんは喪主でなく夫として送ることに決めたのです。

お別れの当日が来ました。何度も吉田さんと葬送の手順を確認します。吉田さんはファイナルステージの中で最後に自分葬で送ることを選択しました。自分葬は一般の葬儀で当たり前のようになっている僧侶の読経はせずに、親族からうかがった、故人の人生の「顕彰文」を流します。

二階のリビングに安置していたご遺体をゆっくりと階下に降ろす時間が来ました。納棺のとき、夫人が最後まで愛飲していたコーヒーの粉を柩のなかにまきました。修君が喜んで言います。

「アッ、お母さんの匂いだ」

コーヒーの大好きだったお母さんが匂いと共に蘇ったのでしょう。

やがて、夫人の柩は葬送の会場になる自宅のガレージに移されました。すでにガレージはたくさんの花に囲まれ、初めての方はガレージとは気がつかないでしょう。故人の大好きだった赤とピンクの色を基調にした可愛い色花と、喪主である吉田さんの好きな桔梗、ユリの花で飾りつけられています。

子供たちの友だちが「吉田君のお母さんはお花のアーチをくぐって天国に行くんだね」と小さな感想を漏らしました。

中央には手編みのセーターを着て微笑む故人の懐かしい写真が飾られました。撮影したのは、親しいご友人でした。

一般的には葬送の儀式は、お通夜、告別式と続きます。私は一般的なお通夜を、ファイナルパーティと呼んでいます。旅立つ前日のパーティだからです。そして翌日は一般的な告別式。これは最後のお別れという意味で、ファイナルステージと呼んでいるのです。

さて、いよいよ夫人のファイナルステージの時間がやってきました。司会は私が担当することになっていました。病院で亡くなって以来、何度も吉田さんの心に変化がないか、最後のお別れまで悔いのないように気をつけて進めて行きます。愛した人の人生を彼女らしい輝きの中で、その人のために世界でたった一つのお見送りが進められました。

この日のファイナルステージが始まりました。司会を務める私の第一声から式がはじまります。

「ご参集の皆様にご案内申しあげます。ただいまより去る十月九日、享年四一歳を期に逝去されました吉田真弓（仮名＝以下同）さまの葬儀並びに告別式を開式させていただきます」

そのあと、亡くなった故人の紹介を謹んでさせていただきました。短大を卒業後、貿易会社に勤め、吉田さんとはスキー場で知り合って結婚されました。奇しくも、前日が十七回目の結婚記念日でしたと伝えると会場は静寂に包まれました。三人の男の子に恵まれ、幸せの絶頂期に病に倒れたのは一年八か月前のことだったのです。そして、と言葉を続けます。

「精一杯生きられた人生を閉じられました。短すぎる時間かも知れませんが、四十一年間の吉田真弓さんの過ごされた時間は、今日お集まりいただいております皆様との出会いのなか、ご主人との生活のなかで充実した豊かな人生を送られたことと思います。たくさんの出会いのなかで今日まで楽しい生活を送ることが出来、すべての出会いに感謝申し上げているとご家族よりうかがっております。吉田真弓さんのお心を大切にされ、ご主人吉田俊郎様よりの御依頼で旅立ちのお手伝いをさせていただきました。皆様には吉田真弓さんの思い出をお心に、それぞれのお気持ちで手を合わせていただければと、お焼香、しきび、榊、献花、をご用意しております」

お焼香としきびは仏式、榊は神式、献花はキリスト教という大まかな分け方ですべてを用意するのが、私たちのファイナルステージです。あらゆる宗教、宗派も超越し、なおかつこうした儀式についてはあらゆる宗教の形式をすべて尊重しているからなのです。その中からいずれかを選び決定するのは、亡くなった故人と、その遺族の方たちです。

そして、送る人々の気持ちをも大切にしてお焼香は、喪主、家族、親族の順で行います。このとき会場に流れるのは、これも故人が大好きだった「南こうせつとかぐや姫」の『神田川』でした。何度も何度も、この曲を一緒に聞いたと吉田さんは言います。青春の日々の二人の姿が彷彿としてきます。吉田さんにとっては辛いものだったかも知れません。しかし、故人には最も相応しい曲だったに違いありません。

出棺では、ご遺族がそれぞれ、お棺のなかの故人と、最後のお別れをします。祭壇に飾られた生花も献花されます。出棺前に、スタッフのひとりであるフラワーデザイナーがご夫婦の大好きだった花で花束を作り、夫である吉田さんからありがとうの気持ちを込めて贈呈を行います。吉田さんの夫としてのあいさつは、奥さんに三人の素晴らしい子供をありがとう、宝物として仲良く生きていきますといったもので、涙を誘いました。

いよいよ最後のお別れで、出棺したご遺体は火葬場で荼毘にふされます。

こうした一連の流れで吉田さんの奥さんのファイナルステージは終了します。

この数日で一回り大きくなった長男の誠君が私たちが戻って来るとき、玄関先に出てきてくれて「ありがとうございました」とあいさつしてくれた気持ちがとってもうれしく思いました。

最も簡素な見送りに心を込めて

これまで紹介したように、年を追って葬儀が派手になるという傾向があります。その半面、ともかく静かに故人を見送りたいと願うご遺族もいます。そんなご遺族のために提案しているのが、『ありがとうで送る』ファイナルステージ・ダイレクトクリメイションです。

これは、ご遺体の引取から納棺、火葬したあとのご遺骨になるまでに、すべての心をこめるというものです。この後、ご遺骨をご自宅に安置しての密葬は最近増えたような気がします。一人暮らしのご老人や、親族の少ない方や身寄りのない方が、生前に予約されるケースも増えました。

東京・世田谷区の秋山恵子（仮名）さんは、実母を特別養護老人ホームに預けていました。これまで実父など葬儀の経験は三度ありますが、実母の場合は、なるべく静かに送りたいという希望をお持ちでした。お寺との関係もすでになくなっていました。それに位牌も必要ないと言います。ご遺体を運ぶ霊柩車も、宮型でなく目立たない寝台車が希望でした。ご自宅に遺骨を安置したあと、日を選んでホームで親しくしていただいた方をお招きしての『偲ぶ会』を開きたいということでした。

そして以下のような基本プランでした。

☆知らせて欲しい人
ホームの人十人
☆送って欲しい場所
自宅
☆着ていきたい服

着物
☆持っていきたい物（大切にしているもの）
写真等
☆飾って欲しい花
細かくてかわいい感じのもの。ピンクのユリとブルー系の花が好き。あと少々白い花を入れて、大袈裟でないもの
☆飾って欲しい写真
準備済

その他、流して欲しい音楽、食べて欲しい食べ物などという質問が続きますが、そのほとんどに「なし」の言葉が続きました。

当日、出来るだけ最後まで家族で一緒にいたいとの事で霊柩車も私たちも出棺十五分前まで家から離れた所で、何かあったらすぐに駆けつけられる位置に待機しました。孫の豊（仮名）君が出棺のとき、おばあちゃんのために作った曲をギ

ターで弾き献奏したのでした。

このファイナルステージは、享年八三歳で亡くなられたお母さんの意志より、娘である秋山さんの願いが込められているようでした。他家に嫁いだ娘の立場で実の母を送る気持ちが切々と伝わってきます。喪主は秋山さんのご主人でした。

どんな宗教とも手を携えて

佐藤（仮名＝以下同）さんのお父さんはある宗教団体の熱心な会員でした。先に逝ったお母さんは、その宗教団体の形式にしたがって葬儀を行ったといいます。

佐藤さんのお父さんは明治四十五年に福島県で造り酒屋の息子として生まれまし

お孫さんの奏でるギターと家族の温かさに包まれた静かな旅立ちでした。

た。そのままいけば、造り酒屋の跡取りだったのですが、若いときに実家の酒屋が火事で焼失してしまいます。

それを期に若き日の佐藤さんのお父さんは、上京して、下谷の電気店で丁稚奉公することになりました。のちには電機メーカーの無線機試作課に勤めるようになったそうですから、技術者気質だったのでしょう。独立して現住所に電気店を開業していました。技術はピカ一でしたが、商売の才は乏しかったようで、亡くなった奥さんが息子の佐藤さんによく言っていたのは、商売が上手ければ、家の二～三軒も建ったということでした。

晩年は町会関係者を中心に多くの地域の方に親しまれ、親子で工事した現場が今もいたる所に残っているというのが自慢だったそうです。

佐藤さんから私たちに要望されたのは次のような点でした。

出来る限り葬儀の日程は土・日に当てて欲しいということでした。本来なら葬祭の日程は何より優先するのですが、仕事柄、出来れば平日は避けたいという希望でした。

ご両親は宗教団体の熱心な会員でしたが、妻を亡くしてからの晩年はほとんど活動もしなかったようで、息子の佐藤夫婦をはじめ親族に会員はいません。それに今後も、その宗教団体とお付き合いする気持ちもないとのことでした。宗教色を極力出したくないが、父親の心の支えだった教団のご本尊をしきびで飾った祭壇に安置して「南無妙法連華経」と唱えたいというのは、お父さんの生きてきた証がそこにあるからということでした。それに、その教団の色彩は出したくないが、その関係者が参会することは拒むようなことはしたくないという考えでした。

そのほかの基本プランはおおむね次のようなものでした。

☆知らせて欲しいひと

佐藤さんが連絡。町会、老人会などを中心におよそ百人程度

☆送って欲しい場所

住所のある町内会館

☆着ていきたい服

寿衣（旅立ちの衣装）
☆持っていきたいもの（大切にしているもの）
煙草、今川焼き、数珠
☆最後のすみか
ダイレクトクリメイションで使用の白木の棺
☆飾って欲しい花
りんどう、桔梗、しきび
☆流して欲しい音楽
なし、お孫さんが選ぶ（マリア・カラス）
☆飾って欲しい写真
佐藤さんがすでに準備
☆食べて欲しいもの
お通夜は町内の寿司屋から町会が手配した寿司でお清め
告別式後の精進落としは弁当

☆飲んで欲しいもの
お酒（鶴の友、八海山）
☆プレゼントしたいもの
八海山300㎖
☆伝えたい言葉
カードにして準備
☆美しく旅立つエンバーミング
基本的にしない

こうした基本的プランを事前に準備しておくと、その日が突然来てもあわてることはありません。臨終と同時に佐藤さんから連絡が入りました。事前相談に従って病院からの遺体引取、故人が希望した葬祭会場（町会会館）の確保から手配、料理、車両の手配と進みます。

この際、最も大切なのは日程です。佐藤さんは何とか土日を葬祭の日程にしたいと事前に要望を出しておられました。しかし、親の死に本当に直面して、お店を開ける気にもならず、心の動きのまま、後悔のない手順に変えました。

臨終の翌日、私は佐藤さんと同行して関係各所を回ります。最も大切なのは葬儀で何かとお世話になる町会長をはじめとする町会関係者へのご挨拶でした。

故人の晩年は、町会の老人会が活動の中心でした。そしてそうした活動の精神的な支柱は宗教を通して知り合った宗教団体の友だちだったと言います。それだけに、遺族側である佐藤さんは、その宗教団体と無関係でありたいとしながらも、焼香の場では、町会よりむしろ宗教団体の皆さんを大切にしたかったようでした。お父さんの過ごしてきた人生の中で、その教団のメンバーとして多くの友と活動していた時期が最も輝いていたと佐藤さんは言います。活動を共にした多くの皆さんを大切にしたいとする佐藤さんの気持ちにはさわやかな気分にされました。

葬儀委員長を引き受けていただいたのは町会長さんでした。佐藤さんの通う中学校で、町会長がＰＴＡ会長、そして故人が副会長としてコンビを組んだ関係でしたから当然でもあります。

佐藤さんのお父さんの通夜式、翌日の告別式では、佐藤さんが短い時間のなかで書き上げ、推敲された『顕彰文』が読み上げられました。

この顕彰文は、故人に対する追悼、ご遺族に対する悲しみの癒し、参会者に対する追悼のよすがとするものです。極論すれば、仏式葬儀の『読経』に匹敵するものでありたいと念じています。

そのため、故人に対する最大の賛辞をご遺族と参会者が共有する具体的な事例、思い出などを含ませた印象深いものになります。もちろん、その中には一部の人にしか知られない思い出やエピソードもあり得るわけですから、ご遺族とよく相談の上でという姿勢は崩せません。

この顕彰文の中では、宗教上の配慮や参会者への思いやり、あるいは葬祭終了後に予想される遺族間のトラブルを避ける心遣いも不可欠になります。故人の趣味、嗜好など遺族からよくお聞きして、その実績や記念的な行事なども紹介するようにしています。

佐藤さんのお父さんは、お酒が好きでした。参会者にお清めとして『八海山』

がふるまわれ、香典返しとして準備されたのはそうしたことの発露でした。

　また、故人は、戦後五十年にわたって、切手を収集していたそうです。支那事変から太平洋戦争を中国大陸で過ごし、戦争の凄惨さ虚しさを知り尽くしていたに違いありません。戦後の平和な時代にあっても一方では切手を集めるという平和の喜びを噛みしめながら、一方では反戦平和への指向の強い宗教団体へ身を投じて活動を惜しまなかったのでした。そんな一筋の人生を惜しみなく讃える顕彰文でした。

　この佐藤さん宅の葬儀の会場は故人の遺志として曼陀羅としきびを、そして遺族の思いでお父さんの大好きなりんどうと桔梗でステージを作りました。祭壇に

故人が大切にした信仰と家族や友人の思いに包まれて、厳粛さのなかにも温かな感じのお見送りになりました。

飾られた写真は故人が大好きな場所で撮影されたもので、参会者にも思い出深い写真を選びました。会場には初孫である舞（仮名）ちゃんがお祖父ちゃんに捧げる曲としてマリア・カラスの曲を流していました。

すべての式次が終了したのち、喪主の佐藤さんがマイクの前に立ちました。

「本日はかくもお忙しい中ご参集賜り、ご丁重なるご弔意、ご厚志をいただき、家族一同を代表いたしまして厚く御礼申し上げます。

亡き父は、生前人の集まることが大好きでございましたので、このような会ではありますが、親しくしていただいた方々がお集まり下さったのを見て、喜んでいると思います。故人に成り代わり深く御礼申し上げる次第です。

八十余年の今日まで、亡き父が残してくれたさまざまな思い出は、私ども家族各々のまさに人生であり、あるときは叱られ、酒を酌み交わし、また深い愛情の発露からくる色々な言葉は、残された私ども家族の尊き宝になって、心に刻まれております。家族一同亡き父にこの場を借りて『ありがとう』の言葉をかけたいと思います。

『父さん、ありがとう』

さて、ご参集の皆様には、残されました私ども一同にも故人にいただいたご厚情を賜りますよう、心からお願い申し上げ、家族を代表し御礼のご挨拶とさせていただきます。本日は誠にありがとうございました」

そして、お父さんの大好きだった「八海山」二本を火葬場の方に心付けとして御親族がお持ちしての出棺でした。参集者の「ありがとうございました」のお見送りの合唱で霊柩車の出発です。

「ありがとう」に始まり、「ありがとう」に終わった佐藤さんのファイナルステー

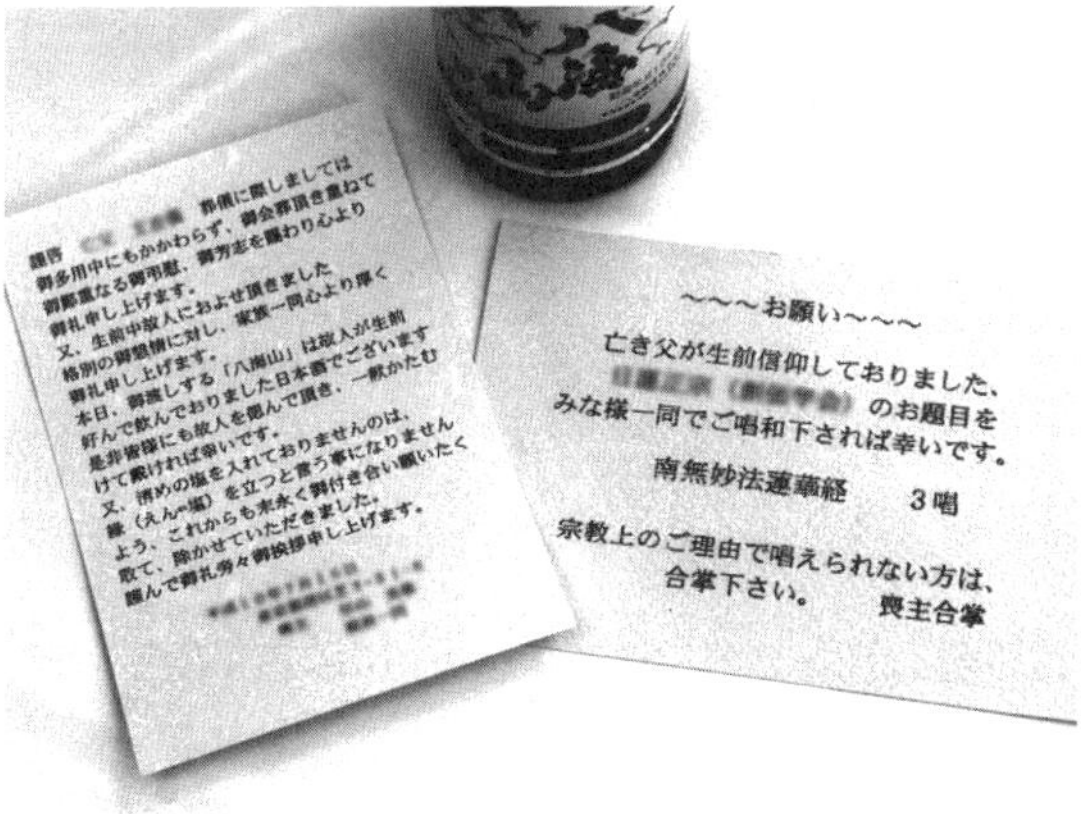

ジでした。

ここまでの間に、それぞれの基本プランに聞き慣れない「エンバーミング」という言葉があったことに気がつかれたでしょうか。ちょっとこの言葉の説明をさせて下さい。

わが国には葬祭にまつわる「死に化粧」という言葉があります。亡くなった人を悼み、生前の顔に蘇らせるような化粧を施すことを言います。

そこには死者を悼み、何とか生前のままの姿で見送るという心根が息づいていました。もちろん、最近もそうしたことは珍しいことではありません。

しかし、気にかかるのは、一部の葬儀業者の手によって過剰なまでのエンバーミングが行われていることです。

エンバーミング（遺体処理術）は遺体を遺族に安心して見てもらうためや、あるいは医学上必要な場合に保存するための防腐処理を施すことです。

日本では顔にうっすらと化粧をしてあげることにとどまりましたが、欧米では古くから遺体の防腐処理が一般的となっており、この処置を行う資格制度や処置基準も整備されています。

そうした欧米社会に対して、わが国にはエンバーミングに対する法的な規定はほとんどありません。現在の法律に照らして違法性があるのかどうかという規定がないのです。

ところが現実はエンバーミングがビジネスとして行われているのです。

「法医学の実際と研究」（一九九二年）紙上で発表された論文「わが国におけるエンバーミングの展望」は、そうした現状を紹介しながら次のように指摘しています。

つまり、西暦二〇一〇年には年間百二〇万人の死者が予測され、核家族化に伴って葬儀のあり方も大きく変化するだろうと指摘します。更に海外に滞在中に死亡するケースも増加して地理的条件から遺体搬送の関係でますますエンバーミングの需要が増え、また国民の支持も得られるだろうと言います。

そして「多くの利点をもつエンバーミングが広く普及するとエンバーミングの

サービスを持たない葬儀社は自由競争から取り残され、淘汰されることになると考えられる」と言うのです。

そこで「葬儀社は自社の存続をかけて一律にエンバーミング・サービスを看板にかかげ、知識・技能のまちまちなエンバーマーを短時間に養成することになると見られる。無資格者によるエンバーミングは、価格競争、技術の格差などによる質の低下を惹き起こし、社会的混乱を生じる恐れがある」と警告しています。お骨になるまでは、ぜひ「モノ」ではなく人間的扱いをして欲しい。そして、医学的知識のある専門家の養成が望まれます。

第六章

葬祭革命の発想が社会を変える

人生の充実期をどう生きるか

人の一生を山登りにたとえるなら、五十代に入るとそろそろ折り返し地点のことが気になりはじめます。そんな時期に差しかかると誰もが一度は「自分の人生はこれでいいのだろうか」と、思い巡らすときがあるはずです。

私の友人に、八十代のお母様との親子関係がうまくいかずに、悩んでいる女性がいます。

お母様はいまも研究者として仕事をしている立派なキャリアウーマンですが、仕事へのプライドをそのまま生活にも持ち込むのでしょう。娘である彼女は母親のペースに常に巻き込まれることに困惑しながらも、どうしていいか分からずにいました。

ある時期、彼女は心臓に不調を感じて一ヵ月母親のところに顔を出せずにいました。

娘の病状を心配した母親は手を尽くして腕のいい専門医を探し、人から紹介された医者のところに娘を連れていくという話になりました。

これまでの人生において、挫折ということを知らずにきた女性かも知れません。自分のやることに絶対の自信をもっているその母親は、娘の気持ちを推し量ることなど最初からありません。そういう強引さと自信に満ちた判断力に、娘の彼女はいつも一方では頼りながらも、振り回されてきました。そしてそれも親としての愛情だと信じていたのです。

ですが、一方的な愛情の強さは相手を窒息させることもあります。それを感じながら心優しい彼女は、自分の身体を心配して専門医を探してくれた母親の好意を振り払うことが出来ないのです。

対面する重苦しさを抱きながら一ヵ月ぶりに母親の姿を見たとき、胸が痛んだと彼女は言いました。

高齢の母親の背中が以前より一層萎んだように小さくなっているのを感じて、たまらなく寂しい気持ちになった彼女は、本当なら「心配してくれてありがとう」と老母の手を握りたかったというのです。でも心の何処かにある母親を避けたい気持ちが邪魔をした。そのことでまた彼女は自分の心を責めていました。

たぶん母親も自分の中の何が娘を遠ざけるのかは分かっているはずです。けれどそれを直視したら、きっとどうしていいか分からなくなる怖さがあるのでしょう。

娘の彼女も、逃げ出したいと思いながら出来ない自分へのジレンマに苛立っているのです。

私は彼女にこう言いました。

これで手を握ったら、またこの人の思う通りになる、と考えるから素直な気持ちになれないいんじゃないの。八十歳を越えても仕事をしながら突っ張って生きている先輩が、忙しい中を自分のためにわざわざ付き添ってくれたと思えばいい。だったら「ありがとう」は、自然に口を突いて出てくるだろうし、手だって握れるでしょう、と。

母と娘という関係で見ればそれまでの人生をからめて、さまざまな葛藤が湧いてきます。でも少し距離をとって見ることで、相手の違った姿が見えてくることもあります。

年老いた親を拒否したことに心が痛むなら、自分自身の気持ちをはぐらかすことで、相手を支えてあげることも出来るのではないでしょうか。

子供が成長するときには親の添え木が必要なように、老いていく親には、子供の心の添え木が必要になるのです。

人生の充実期にとって自分探しは何より大切なこと。充実期の歩みは、その人の歩幅がいちばん大きな分かれ道になります。

親の老いを支えながら、見送る心の準備をする中で、やがて訪れる自分の老い方を見つめる時間の過ごし方も必要になります。充実期の歩みだからこそ出来る人生の深い味わい方ではないでしょうか。

いま五十代前後の人たちが、老齢化した親の介護に直面してどうしたらいいか迷っています。

親の人生の終末期は子供の自分たちが見守りたい気持ちはあっても、現実問題に直面すると難しい問題が横たわっています。仮にどこかの施設に預けるにしても親が望んでいる幸せとは違うような気がして心穏やかではありません。迷いがある人は、まだ自分は親に愛されていたと感じている人でしょうか。

施設に親を預けたら、そのときから家族の足が遠のくというのは、やっぱり自分たちがそこに「親を入れた」という現実を見たくないのでしょう。

逆に親に愛されたという確信がもてなかった人は、老親を施設などに預けることにさほど迷いがないかも知れません。

介護のプロに預けたほうが、親だって幸せさ、と考えるのでしょう。けれど、肉親が出来る以上のことを他人に期待するのはどだい無理な話なのです。もっといえば介護、介助にプロとしての技術はいりません。必要なのは思いやりの心だけです。

三歳ぐらいまで子供にはおむつが要るように、人間も老いて終末期に入ればおむつが必要になるのは自然の成り行きです。生まれ育つときに親にしてもらったことを、親を介護するときにお返しするのは当然といえば当然です。

だとすれば、出産で産休がとれるように、親を見送る期間に必要な介護休暇が与えられるのも当然のことなのです。そういう社会システムが完備したときに日本は、ほんとうの意味で豊かな国だといえると思うのです。

日本にとって戦後五十年は生産期だったといわれます。そして五十四年を経たいま、人間の人生にたとえたら充実期に入ったわが国に必要なのは、人が生まれ、育って、逝くという人間の最もシンプルな節理に則って、行政のシステムを考えることなのです。

社会の仕組みをシンプルにすることで、人間が生きる上で何が大切なのかが見えやすくなります。

命の尊さはそういう社会であるからこそ、守られるに違いありません。

少年による凶悪な犯罪が増えています。

事件の内容が徐々に明らかになるにつれていつも思うのは、少年たちは今日まで何に傷つき、何を欠落させてきてしまったのだろうかということです。

風俗業界の方から聞いた話ですが、社会的に立派な肩書の男性たちがおむつをあてられたり、哺乳びんをくわえたりする遊びに夢中になっているのだとか。幼児が母親の肌の匂いを恋しがって甘えるように、妻の身体に擦り寄って甘噛みしたりする夫や、わざと行儀の悪いことをして、妻から「だめよ、お行儀が悪い」とたしなめられるのを待っていたりする夫がいるといった話は、私の周辺からも聞こえてきます。

こういった男性たちの背景には、反抗期もなく大人になってしまったとか、母親とのスキンシップが少なかったなどの事情が潜んでいるようです。

おそらく人間は成長するために必要とするものは決まっているのかも知れません。そして欠落した分を一生の間に補充していくものなのかも知れないのです。

私の二七歳になる娘は、小さい頃からあまり親に反抗するということをしない子供でした。中学一年のとき、朝の練習があるクラブに入りたいのに、母親の身体を気遣い、諦めてくれるようなところがありました。

それが大学生になって軽音楽クラブに入ってから、彼女なりに自分探しを始めたのでしょう。欧米のミュージシャン風のファッションをしている娘の姿を写真で見て、親としては驚きはしたものの、黙認しました。

娘の中学時代からの同級生が、心配そうに私に聞いたことがありました。

「おばさん、アッチ（娘の愛称）ライブでどんな恰好しているか知っている？」

「知っているわよ、派手な恰好してるわねぇ。でも彼女が自己表現できるというのが分かって、おばさんホッとしているわよ」

私がそういったものですから、彼女の方が唖然としていたほどです。

やせ我慢ではなく、それが私の本音でした。

娘はずっと親のために良い子であろうとしてきたのでしょう。その気持ちの軋みに耐えられなくなったとき、軽音楽活動という発散する場を見つけたのですから、親としては見守るしかないのです。

良い子のままで大人になった人が、親を亡くした途端、閉じ込めていた反抗期を一挙に家族に向かって爆発させたり、ますます内向的な人間になってしまうことだってあります。娘のように外に発散させる何かを見つけて、心のバランスをうまくとる人は幸せなのだと思うのです。

そんなふうに考えると、親子の関係がいかに子どもの成長に大きな力をもつものかを改めて考えるのです。

犯罪者となった少年たちの成長過程に何があったのか。さまざまな要因はあるでしょうが、ただ言えるのは、子供はどこかに必ず優しい心の芽をもっています。その芽を踏みつぶすのは大人です。

そして確かなのは、どんな子も懸命に親に愛されたいと思っているということです。

人任せの不幸に気がつかない

一生懸命働いて家を持てたと思ったら、今度は死後のすみかとなる墓地を買わなければならない。

私たち庶民の一生とはそんな構図なのかと思ったら、何か虚しい思いにとらわれます。なぜお墓が必要なのでしょうか。

「先祖代々の墓」などといえば、古色蒼然とした家系図を思い浮かべてしまいますが、庶民がお墓を作るようになったのは戦国時代になってからです。亡骸を土で覆って埋めるだけの土饅頭のお墓から、その上に墓石を築く形になったのは江戸時代中期以降、キリシタン禁制を狙って江戸幕府が檀家制度を定めてからです。

この檀家制度によって、庶民はお葬式と死後の供養を壇那寺に委ねることになり、先祖供養が行われるようになりました。

さらに明治七年の『墓地処分内規制』によって、墓地は墳墓地でなければならない、また祭祀供養の場であるべし、と定義されたのです。

ちなみに火葬率が五十パーセントを越えたのは、一九三〇年代以降のこと。今日のような「先祖代々の墓」として、家族が一緒の墓に入るというお墓の形態になったのは、まだ数十年ほどのことです。

最近はお墓は要らない、自然葬で散骨して欲しいという人もかなり増えてきました。

今日のように家制度が崩れ、家族のない人たちが多くなってくると、お墓に固執する人は少数派になってくるかも知れません。

海や山などへの自然散骨の一方には、宗派も何も関係なく気の合った者が一緒に眠る合祀墓がぽつぽつ登場しはじめました。

合祀墓はとても無縁墓になる不安をもつ方には合理的な形態のように思えるのですが、よく考えてみるとそこにもまたいろいろな問題が出てきます。

ならばもう一歩進めて、四七都道府県ごとによる供養碑をつくるという構想はどうでしょうか。

つまりこうです。春になると日本の国土に爛漫と咲き匂う桜の花の木の下に散灰の場と供養碑を建立、お墓は要らないという人たちが一緒に眠る墓地とするのです。年に一回、宗派を越えた僧侶が集まって桜の樹の下で供養を行います。またその日には各地の農・生産物を持ち寄った市を立てる。大切な人を亡くした遺族たちがその日に集い、癒し合いながら故人を偲ぶといった供養祭にするのです。

県や市という単位での供養碑とすれば、気が合う、合わないの仲間意識は飛び越えて、日本人の心に咲く桜の花の下に魂が集まるのです。

これがほんとうの意味で「人間のいのちは順繰りなんだよ」という癒しではないでしょうか。

これからは個人でお墓を持ち、守るということにあまり意味をもてなくなるでしょう。無理な算段をしてまで高い墓地を買い、お墓を建て、永代供養料を払っても、弔う心のない供養に心安らかになれるとは思いませんし、何年もしないうちに墓地は無縁墓地になるかも知れません。

しかもいまや残り少ない自然をさらに潰してまでも狭い国土に墓地を増やすことの愚かさを考えれば、少なくとも墓地を一か所に集めて、仲良く静かに眠ることのほうが次の時代を引き継ぐ者たちへの最後の思いやりのような気がするのです。

むしろこれからは個人の意志と責任で精一杯生き抜いたあとは、同じ時代を生きた仲間が集う死後の世界で眠るというのも楽しいかも知れません。

供養碑の管理を行政機関の管轄にして、庶民は死後のことは公的な制度の中で守られる、となれば、もっと生きることを楽しめる時間が増えるかも知れません。また葬儀社の手に握られているような現代の葬儀のあり方が、根本から変えられるのではないかと考えるのです。

私は、「ありがとうで送る新しい葬儀」を提唱しています。本来、見送る心を最優先する葬儀が形式化しています。そんな形式に問いかけることから「心」のあり方は変わります。

仏式でいえばお香典とかご霊前とするのし袋を、私たちの場合は礼という言葉にすることなどの選択肢を置きました。それも変化のひとつでしょう。

『礼』は『ありがとう』なのです。

私自身本当に親しい方のお弔いの際には、一文字『礼』と書いたのし袋にさせていただいています。そこには故人との出会いに感謝していますという意味をこめて、あるいは先立たれたことに対して頭を垂れるという意味をこめています。

もともと葬儀にお金を包むという儀礼はありませんでした。

お金を包んでお香典としたのは明治の頃から始まったことです。それ以前は、見送る人たちがそれぞれに白いご飯や、野菜などを持ち寄ってお供えしたものがお香典でした。

ところが段々暮らしに余裕がでてくると、葬儀を出す家が食事の用意をするようになってそのお返しの意味を込めて持っていく品がお金になっただけのこと。お金を包んだらその上に何かを書かなければということから仏様の前、霊の前に供えるという意味で、仏前、霊前という文字を添えることになったのです。

礼儀作法の心は、自分よりも一日でも長く生きている人に対して頭を下げること。これが礼儀の原点だと思います。

人の一生でも、六十歳の還暦をすぎると、七十歳が古希の祝い、七七歳で喜寿…と年を重ねる喜びと尊敬で祝ってきました。

よく生きましたね、という思いで頭を垂れ、感謝するのです。自分の大切な人が一日でも長く生きてくれることを感謝する心、その気持ちを儀式にしたものが作法の原点です。故人との出会いの感謝の心を『礼』とするのと同じように、子供を育てるときは感謝の気持ちも形になります。

ある男性は子供が生まれたときに、ベランダのプランターに稲の種を播きました。この稲が実らせた米粒をわが子の百日目のお食い初めに口に含ませたい。そうなるように順調にわが子が成長して欲しいという願いをこめたのです。

私も娘を育てるとき、お食い初めの祝いの膳をわが子の口に含ませることの喜びをとても感じたものです。

五ケの小石を口に含ませ、丈夫な歯が生えてくれますように、と祈ることの幸せな思い。百日間、無事に育ってくれたという思いが自然と感謝の気持ちにさせてくれました。

不思議に百日たつと子育てが楽になります。親として手が抜けるようになり、夜泣きに悩まされることも少なくなります。固形物を食べられるようになると赤ちゃんの寝る時間も長くなるのです。

そうやって三歳まで親と子の向かい合いで、子供の心にしっかりとした愛情の土台がつくられます。また親にとっても子育ての喜びが自分育ての栄養になるのです。私たちの生活は、気がつけば与えられたもの（情報、商品など）の中から、選択することで成り立っています。

葬儀にしても、葬儀社から見せられたパンフレットの中からまあまあこの程度でと、祭壇など価格との相談で折り合いをつけています。

また、命を預ける医者を選ぶにも、大病院だから、有名だから、といったことが選択肢になっている場合が少なくありません。

私は娘の主治医を決めるときも、最良の医師を求めて試行錯誤して探しました。そしてその先生の診察をうけるために待ち時間がどれほど長くても待って診てもらいました。

それは子の命を守る親としての義務だと思うのです。

営業マンがひとつの取引を取るまで、何度も無駄足を重ねた末にやっと商談が成立するなどという話は仕事として当たり前のこと。

母親として子供を育てるのはある意味では仕事です。それも自分で産むことを選択して手に入れたことです。

その選択したことに責任をもてないような人が増えています。親としての責任を放棄して、自分の人生を見つけることにやっきになっている姿は、なんだか滑稽です。

友人の画家の女性が、母親になったとき一時期とても情緒不安定になったことがありました。原因は子育てに時間を取られて、絵が描けないという焦りです。それまで自分の可能性にかけて懸命に絵の世界で踏ん張ってきたのですから、子供は予定外の出来事だったのです。

こうしているうちに仲間の人たちからどんどん自分は取り残されてしまうと、彼女は悩み苛立った日々がありました。

でも子供は母親の手を必要としています。日に日に成長していく幼い生命を前にすると、絵の世界を忘れてしまうような時間も出てきます。子供を育てるのは、理屈ではないのです。

子供が一人歩きし始めたのをみて、画家活動を再開した彼女の絵は変わっていました。

育てあげたときの彼女がたどりついた色彩の豊かさは、独身のときとは全く違う深い暖かな魅力が加わっていました。

彼女自身が言うんです。この色は子供たちからの贈り物ね、と。

人はそのときどきに置かれた状況に真剣に向き合わないかぎり、無駄な時間は無駄のままで終わります。

世間では「母親である前に一人の人間として」とか、「母親である前に一人の女性でありたい」などといった生き方志向が持て囃され、それが自立のように錯覚されていますが、何か変だと感じている方もいるのではないでしょうか。

子供を育てることはファッションではありません。自分の責任で産んだ子供の母親になりきれずに、どんな素敵な人間になれるのかと、私などは思ってしまいます。

仕事を持って子育てをすることの難しさはあります。働きやすい職場環境の改善も必要でしょうし、託児施設などの問題も多々あります。ですが、基本的には子供を産む決心をして産んだのであれば、最優先に考えることは子育てであるべきです。

夫婦の手だけでは足らなかったら、給料全額を使ってもベビーシッターを頼む覚悟は必要でしょうし、仕事を一時中断するくらいの決意が必要です。

こんなことをいえば「なぜいまさら女性の社会進出の足を引っ張るんだ」とお叱りを受けるでしょうが、女性が社会進出することと出産、育児は別問題のはずでしょう。それを一緒にしてしまうから、責任の所在が甘くなります。

社会を作っているのは人間です。そして人間を育てる根幹は親です。ことに母親の愛は子育てに大きく影響することは誰もが想像できます。

もっといえば、私は生命を育むことをおろそかにする人に、社会進出してもらいたくありません。

生命を育むことをおろそかにする人は、人の死にも鈍感かも知れません。そんな親に育てられた子供が、人の生命を命と思わない人間になるのも悲しい現実かも知れません。

それは現代の葬送がイベント〝商品〟になっていることと繋がっているといえないでしょうか。

あなたにとって何が大切なのか

娘が中学受験を控えた夏休みでした。新潟の弟から寝たきりだった母親の容態が悪く、医者からは暮れまでもたないだろうと言われたという知らせが入りました。最後の看病をしたいと、私は娘を連れて母の元に駆けつけようとしたとき、夫が反対しました。

あなたが親の看病に行くのは構わない。でも娘はぼく自身の子供でもあるんだから、あなたの母親のことで娘の受験にマイナスになるようなことは許さない。この大切な夏休みを頑張らせなければ駄目なんだ、と。

私は十一歳の子供にどちらかを選択することを任せました。

あなたにとっておばあちゃんと呼べる最後の人。そのおばあちゃんは私のたったひとりのお母さんだから、私は看病に行きます。あなたは受験が大切だと思えば、お父さんとここに残って頑張りなさい。またおばあちゃんを一緒に看病しながら、勉強も頑張るというのならついてきなさい。選ぶのはあなたよ、と。

凄く酷なことを娘に委ねましたが、幼いなりに自分にはどっちが大切かを感じ取る子供の力を信じたのです。

娘は私についてきました。そして祖母のおむつ交換から汚物の処理まで私は一緒にやらせました。夜は勉強も約束通りさせました。まわりからは教育ママだと揶揄されても、本人がやるといったことに責任を取らせました。

幸い志望した中学に入れましたが、もし彼女が受験を失敗したら、夫婦は離婚ということになったかも知れないと覚悟はしていました。それもしかたがないことだと。

私が産んだ子が選んだことに、親の私が添って責任を取るのは当然です。

それよりも彼女にとっておばあちゃんと呼べる人はもうこの人だけ。その人を見送る時間のほうが娘にとって大切なことだと思ったのです。

受験に失敗しても、十代の若さはいくらでも軌道修正ができます。自分にとっていま何が一番大切なのか。そう考えて選択した結果に〝後悔〟という言葉はありません。

幸せな死とは何でしょう。

「死に方」は「生き方」といいますが、死をどう迎えるかによって、その人の何十年間の軌跡が幸にも不幸にも変わる。そんな気がします。

あなたは死と向き合ったとき、誰に手を握っていて欲しいだろうか。誰の温もりに包まれて人生を閉じたいだろうか。そう考えたら答えは出てきます。もしかしたら、それは誰もが一生をかけて求め続けてきた答えではないでしょうか。

ある女性には好きな男性がいましたが、彼の家庭の事情で結婚は諦めるしかありませんでした。彼が家庭をもった後も二人の関係は変わることはありませんでした。世間的に最も摩擦の少ない方法を選択することで、お互いの愛を守ろうと決めたのです。

十数年にわたる二人の関係を見てきた私は、彼女に聞いたことがありました。なぜ彼の子供を産まなかったのか、と。彼女は言いました。

「子供を産んだら、私の彼への愛情が子どもに半分でも三分の一でも移るのがいやだった」

その言葉を聞いたとき、私はこの二人のどちらかが亡くなるとき、傍にいて見送るのは彼であり、彼女であるべきだ、と強く思ったのです。

これは世間でいえば、背信行為かも知れません。けれど人それぞれの事情を背負った生き方に他人が無責任に判断を下すことのほうが罪なのではないでしょうか。

この二人は少なくともお互いの立場を尊重し、まわりの人たちを傷つけることを避けてきました。その二人に最後の別れの時間があったとしても、許されることだと私は思うのです。

けれど、結局は彼の最期を看取るのは夫人であり、彼の家族です。彼女が彼の傍に寄り添うことさえ無理な話でしょう。

だとしたら、その男性にとって幸せとは何だったのでしょうか。そんな思いを私がさらに強くしたもうひとつのことがありました。

私の父は心筋梗塞で倒れ、半身不随と言語障害の身で十一年の闘病生活のあと六四歳で亡くなりましたが、その父にも心を通じ合った妻以外の女性がいました。父の会社の社員だったその女性は、仕事上の女房役でもあり、公私ともに父にとってはなくてはならない人でした。

そのことを私が知ったのは、中学の頃です。母は知りながら、おくびにも出さず、自分の世界に閉じこもっているような人でした。私はそんな母に苛立ち、父を取られた家族の恨みを、自分一人で背負ったような思いで、彼女を憎みました。

父を家族の、娘の私のもとに取り戻すことがその頃の私のすべてでした。

その父が倒れ、二一歳の長女の私が会社経営を引き受けることになったとき、はじめて父を取り戻した気がしたのです。不自由な口で父が語る言葉は、介護する私と妹弟以外には母をはじめ誰も聞き取ることは出来ません。ところが彼女だけは違いました。

そして彼女を前にして話すときの父の笑顔を見たとき、私は負けた、と思ったのです。それは一度として娘の私に向けられたことのなかった、優しい温かな笑顔でした。

たとえ肉親であっても、その人個人の本当の心の内は覗けないのでしょうか。

あのときから、私の中で何かが壊れたような気がします。

人の幸せは、道徳とか倫理では量れないところにあると、父のあのときの笑顔を思い出す度にそう思うのです。

いつか知人のB医師とこんなことを話したことがあります。

死を迎える人に対して、医師が出来るのは死亡診断書を書くことだけ。その人の生の最後の瞬間を輝かせるのは、その人の満ち足りた思いと喜びなんだろうね、とB医師はいいました。

B医師の言葉は、父のことを見てきた私には痛いほどわかりました。

死を前にした人の満ち足りた表情こそ、その人の人生のすべてを幸せの思いの中に包みこんでしまいます。

たとえば、あと二週間の命とわかっている人工透析の患者さんがベッドの下にお酒を隠しているのを見つけたら、医師は注意するしかない。けれども、本当なら飲ませてやりたいんだよ、と彼は言います。

お酒を飲ませてあげることで、死に逝く人の最後の生命のほむらを輝かせられたら、これほどその人にとって満たされた思いはないでしょう。

本人が願うのはほんの些細なことかもしれない。愛する人に看取られることだったり、好きなお酒や禁煙の煙草を一本吸うことだったりなのかも知れません。

その願いを叶えることで、「楽しかった、ありがとう」の笑顔がこぼれる。

「幸せな死」とは、その人個人の尊厳という祝宴なのかも知れません。

ファイナルステージで葬祭革命を

「自由に、豊かに、自分らしく」生きられたら、どんなに素晴らしいことでしょう。でも、それは大変なことです。人は一人で生まれ、死ぬときもまた一人です。

それなのに一人では生きていけない厄介な動物でもあるからです。家族、友人、宗教、法律、お金など数え上げればきりがないほど多くのしがらみをかかえているのです。

私たちは、人、誰もが必ず迎えねばならない老いや死の問題を避けることなく、真摯に受け止め考え、共に語り合いながら、これらのしがらみを乗り越えて、より自由で、豊かで自分らしい生き方、暮らし方とは何かを考え続けています。人の生き甲斐や幸せについて、出来ることは何でも応援していこうとも考えています。

しかし、信じるところに従ってしがらみを乗り越える生き方には、自ら更なる自己責任が伴うことを忘れてはなりません。

人生にはいろいろなしがらみがあります。その中で誰もが、つとめて自分に忠実に生き、そして死んでいけたら最高の人生といえるでしょう。そうした一人ひとりの生き方をサポートするのが、私たちの役割です。従って、その人生の終焉を迎える「死に方」についても真剣に考えざるを得ないのです。

人生は連続舞台のようなものだと言ったのはシエークスピアでした。吉凶禍福、喜怒哀楽の織りなす連続舞台です。誰もが自分の人生においては誕生から結婚、そして最終の舞台まで名優であり、主役なのです。その最後の舞台が葬儀であるとするなら、最もその人らしく、しかも忠実に演出されなければなりません。

自分の人生を自分らしく括ると考えるとき、最後まで賑やかがいいと思う人もいるでしょうし、寂しかった人生を慰めたいと華やかな〝時〟を望む人もいるでしょう。あるいは最後は大事な人たちだけで静かに送られたいと願う人もいます。人それぞれの人生の幕引きはありますが、もっとも簡潔に人生を締めくくりたいと思えば、死して焼かれて骨になる。それだけで自分の身の後始末はできます。

わが身を最後の骨にするだけなら、現在公営の火葬場を使えば十七万五千円が相場ですが、地方によってかなりの金額の開きがあります。一番高い東京都の場合で二十五万円。対して火葬料は無料という地方もあります。

ただしこの費用の中には病院で死亡した場合の引取費用、霊柩車あるいは搬送車による搬送費用は入っていません。その分を含めても、遺体を運び火葬にして骨にするまでの費用は最低二十五万から三十万円と考えればいいでしょう。

人生の後始末としては、これがもっともシンプルな完結法です。しかし、これだけではどこの葬儀社も収益にならないので嫌がります。

ご遺体に病院から自宅へ戻っていただき、火葬して遺骨にするまでの見送り方を私たちはダイレクトクリメイションと呼んでいます。

それで十分だという人もいれば、人生最後の括りとするには少し寂しいかな、と思われる方もいるでしょう。そのもの足りない思いを、どうしたらその人らしい最後の舞台として演出し、見送る事が出来るかを私たちは考えます。

葬儀業界では労働省認定の葬祭ディレクターが葬儀の演出を行います。葬祭ディレクターは、葬祭業界で働く人々の技術的、社会的地位の向上を目的として誕生した国家資格です。技能審査は一級、二級の等級に分かれており、受験資格は二級が二年以上、一級は五年以上の実務経験者となっています。

技能審査の試験は実際の葬祭に則しての司会の仕方と、装飾技能の審査です。決められたスペース内に決められた時間内で白い幕を張り、祭壇を作り上げることが主になっています。さすがに労働省の技能認定らしく、技術面だけが重視されて、人の死を悼むというメンタリティの部分や、人間の尊厳というもっとも葬送の儀式の根幹である部分は驚くほどに欠落しています。

どれだけ旅立つ方の人柄を分かりやすく舞台の上で作れるかということを大切にした私たち独自のファイナルステージ・プロデューサーの資格認定が必要なのかも知れません。これは「ありがとう」の言葉を、送られる人と送る人、双方の間に投げかけられる場面を演出できるかどうか、ということです。

一般の葬祭と私が提唱しているファイナルステージが大きく違うのは、お葬式をショー的要素を強くしたイベントにするのではなく、葬儀はあくまでも死者のためのものだ、という主人公の存在感を最優先にしている点です。

なぜならば、葬送の儀式はひとりの人間が死をもって生涯を語る唯一の場だからです。そこにはその人の生き方が集約され、それを受けとめる側の心の鏡が儀式のあり様をつくります。

人間がこの世に生きることの意味を教えるこれほどの舞台は他にはありません。それ故に送られる者と送る者が、最後に心を通い合わせる場だという視点を何よりも大事にしたいのです。

私たちのファイナルステージには独自の形式があるわけではありません。その方の生き方を映すような見送り方が基本ですから、故人が信仰されている宗教、たとえばキリスト教、仏教など、その方が導かれたい形で葬送の儀式を提案します。

そして故人がこだわっていた生き方を参列者への返礼品やプレゼントする言葉など、葬儀の主役はあくまでも故人であることを伝えます。

でなければ、何十年生きたその人の人生は何だったのだろうかと思いますし、葬儀という場こそ、命の重さを次代の子供たちに伝えられる大切な場だと思うからです。

子供に命の大切さを教えようと声高にいう大人たちが、人の死を商売にしたり、儀式として葬り去ろうとする傾向がエスカレートすることの怖さを黙ってみていられません。

日本は幸いに葬儀の形は個人の自由意志に任されています。何の宗教でも、どんな形式でも許されている国です。

その幸せを大切にして、自分はどういうふうに人生の後始末をしたいかを考えたい。そしてその自分の気持ちに応えてくれる葬儀の方法はあるのか。このことを本気で考えると、いまいかに無責任な形の中で自分の大切な一生の後始末をしているかということに気がつくはずです。

私は、その気づきを投げかけたいのです。そして人の生きたことの重みを伝えられる葬送を「ファイナルステージ」として、次代に命をつなぐ場を取り戻したいと考えているのです。

なぜ私たちのファイナルステージが革命的なのでしょうか。

第一に人間の「死」を遺骨になるまで「モノ」として扱わないからです。

この点については平成十一年九月に内閣の関係閣僚に対して意見書を提出しています。一刻も早い政府の対応を待ちたいものです。

第二には合理化優先で過度に商業化した現在の葬儀業者に、喪家や遺族に対する心のケアが実行出来るはずがありません。私たちは合理主義では伝わらない肌

（手）の温もりが残るお見送りがしたいのです。

第三に心と心を結ぶお見送りをしたいのです。人生の終末に輝きを添えるのは残された人たちの存在と「思い」です。その心がつながらないために「遺産相続」での争いが絶えません。現在の遺言による相続は残された「モノ」に対して如何に分配するかということでしかありません。そのため心がつながらず、すべてが決められた方法での始末だけになってしまうのです。大切な人が残したのは決して「モノ」だけではないはずです。その心をいかに受け継ぐのでしょうか。そして、もし自分自身が死んだあと、残した人たちは何を受け継いでくれるのでしょうか。最も大切なのは生き方から学ぶということではないでしょうか。

尊厳を守るために

現在の日本では一人ひとりの個人の意志は、法律的に遺言書という形でしか遺志と認められません。その遺言書が効力を発するのは死亡診断書が書かれたのちのことです。たとえ死の直前、それこそ一分前に側にいた人に口頭で意志を伝えたとしても、それは法的には効力を持ちません。すべて、その場にいた人がどう判断するかによってすべてが決定されることになります。まさに死人に口なしになってしまうのです。

遺言書という形の文書があれば、死んでからのことに関してそれなりの意志表示は出来ます。たとえば相続権の設定などはその範疇でしょう。それでもなお、同じ親から生まれ、同じ親が育てた兄弟が些細な額の遺産相続を巡って相争うのは悲しいことです。しかし、それが現実なのですから仕方がありません。

私が気がついたのは、死んでからの相続は遺言として残せるのに、死んでから遺骨になるまでのことはなぜ自己主張できないのだろうかという疑問でした。どのようにして死を迎え、死んだのちにひとりの人間としてどう弔って欲しいのか。そのことを遺言として残すことも大切なことだと気がついたのです。

人生はすべて自己責任です。何があっても自分の責任であるとして対処するところに輝ける未来が待っています。何事にも負けない人生が広がります。そんな人生を過ごすことは夢のようですが、最も大事なのはすべてが終了する直前です。そのとき、自分の人生をどう振り返りますか。それまで生きてきた人生よりはるかに短いはずの終末期をいかに実りある日々に出来るかです。豊かな生は実りある死を実現します。そして豊かで実りある死は、それまでの人生がどうであったとしても、間違いなく豊かな人生だと決定してくれるはずです。

誰にも苦手なことや弱点があるように、自分ひとりで解決できることと出来ないことがあります。

ましてや世の中の風潮として自己責任を問われる傾向が強まっていますから、情報を選択する目も意志を伝える能力もますます問われますが、それを苦手とする人間にとっては現代はとても生きにくい社会です。

その中で生き抜いていくためには、一人で何もかもを背負うのではなく、弱い部分をフォローしてくれる助っ人を見つけることです。その努力をするかしないかが、あなたの人生を確実に左右するのかも知れません。つまり、あなたの人生を決めるのは、あなた自身という自己責任なのです。

人間の死の尊厳を見つめ直したときに、人はよりよく一生を生き切るには何が必要だろうか、というところから出発します。

いまの時代、何でも欲しいと思えば手に入る仕組みは完備していますが、健康だった人がある日突然病気になったときの不安をフォローする仕組みはどこにあるでしょう。しかし、家族の死に直面してどう見送っていいか混乱する遺族に、悲しみをケアしながら大切な人の尊厳を守って魂を見取る意味を教えてくれるところはあるでしょうか。

人の悲しみさえ利用され、お金に換算されるという不安がつきまとう時代なのです。

効率万能主義が横行する時代に温かい血の通うような人間社会を、コミュニティを作りたい、という夢を追いかけている私はひょっとしたら世間知らずかも知れません。でもそんな私に「とても黙って見ていられない」と、惜しまずに力を貸して下さる方たちがいます。それぞれの専門分野のキャリアを持った方々が、自分にはしたくても出来ないことだから、と陰での協力を申し出てくれます。

しかもこんなお節介屋のような私の助っ人を頼りに思ってくださる人たちがいらっしゃいます。

そんな人たちがいるのですから、人間が人間らしく生きて、死んでいける世の中に必ず出来るはずだと私は、信じています。

たとえ微力でも、たった一度の人生の終焉を迎えて、「生きて良かった」と笑って死ねる社会にしたいという思いだけは本物です。

その思いをどんな形にして育てられるか。いまの私はマラソンでいえば最初の上り坂にさしかかったところかも知れません。

あとがき

最近ふと気がついたことがあります。老人に手を引かれた子供の姿がどこからも消えてしまったことです。

自宅近くの荒川の広い堤は、子供たちの恰好の遊び場です。賑やかな声が飛び交う景色の中には、少なくとも二十年前にはおじいちゃんやおばあちゃんに手を引かれて遊ぶ幼子の姿がありました。当時まだ砂利道だった荒川の土手も、いまでは舗装されてサイクルロードと化しています。目の前を自転車で疾走する若者たちの笑い声はあっても、「おじいちゃーん、おばあちゃーん」と慕い呼ぶ子供たちの声は聞こえてきません。

私は、いつか痴呆症の母が孫たちの手をとって小さくリズムをとりながら「靴が鳴る」や「夕焼け小焼け」などの唱歌を嬉しそうに歌っていた姿を思い出します。

この世に生を受けて未知への夢に弾けそうな幼子の柔らかな笑顔と、長い人生の終末期の中で遠い日を見つめるような老女の穏やかな微笑み。その柔らかな笑顔でつなぐ手と手の温もりこそ、いのちの巡りを育むのです。

こんな大切なことをなぜ私たちは忘れてしまったのでしょうか。

人生急ぎ足のときには心の渇きは即効性のあるもので満たそうとします。でもそこにあるのは追い駆けっこの法則だけ。知らぬうちに身も心も収拾のつかない混乱の中に閉じこめられる結末が待ち構えているはずです。

もしかしたら、その収拾のつかない混乱の中に陥っているのが、いまの私たち日本人の姿かもしれません。ならば少なくとも閉じこめられてパニックに陥り、持てる幸せを自ら踏み潰してしまわないためにも、見つからない出口を探し求める努力を始めるしかありません。

大きな時代のうねりのなかで「人間にとって本当の幸せとは何か」を、もう一度見つめ直す勇気と謙虚さがいまほど求められているときはないのではないでしょうか。

今回視点を合わせた「葬送」においても、死は生につながる、その原点を再度見つめることで真の幸せの出口を見つけたいと思ったのです。

いまある葬送という儀式の形が出来たのは、まだ三十年間のことでしかありません。しかもその形が年月を追って形骸化し、形式に振り回された人々の心からは、大切なことがどんどん失われていっています。

筆をおくにあたって改めて思うのです。自分の幸せを自分で握りしめる喜びは誰もに与えられています。その最も簡潔な、かつ最も大事なことを、私は愚直と笑われても、声の続くかぎり伝えていきたい。そんな思いをこめて、巻末の「マイウエイノート」を附録としました。マイウエイノートは心の伝言板です。日々のつぶやきを綴ることで、あなたが何を望み、何を求めていたかを知らせるふだん着の遺言ノートと言ったらどうでしょうか。小さなメモ書きが人生の終焉を飾る花束を作ってくれるはずです。そんな私の願いを理解してくださったマイウエイ協会の御厚意によるものであることを記して感謝申し上げます。

最後に過分な推薦のお言葉をいただいた勝田吉太郎先生、女優の藤山直美さんをはじめ、今日まで私の人生に関わってくださった方たち、また頼りない私の背を支え、押してくださっている方たちに、心からの感謝を「礼」という文字にこめたいと思います。本当にありがとうございました。

二〇〇〇年十一月

安達文子

My Way Note

協力　マイウエイ協会

〒116-0011

東京都荒川区西尾久4－11－3－102

☎03-3810-1786

ホームページ　http://www.myway-kyokai.gr.jp

⚜ たいせつな人たちへのメッセージ？

My Way（尊厳）

✤たいせつな人たちへのメッセージ？

My Way（尊厳）

⚜ たいせつな人たちへのメッセージ？

My Way（尊厳）

たいせつな人たちへのメッセージ？

My Way（尊厳）

⚜ たいせつな人たちへのメッセージ？

My Way（尊厳）

⚜ たいせつな人たちへのメッセージ？

My Way（尊厳）

⚜ たいせつな人たちへのメッセージ？

My Way（尊厳）

✤たいせつな人たちへのメッセージ？

My Way（尊厳）

⚜ たいせつな人たちへのメッセージ？

My Way（尊厳）

わたしのファイナルステージは？

・どこで迎えたい？

・だれにそばにいてほしい？

・なにを食べたい？

・さいごに着たい服は？

・さいごまで身につけていたいものは？

・どんなふうに見送ってほしい？

飾ってほしい花

流してほしい音楽

飾ってほしい写真

・還りたい場所は？

・「ありがとう」を言いたい人は？

年　　月　　日

My Way（尊厳）

ファイナルロマンをどう過ごしたい？
～もしものこり3ヶ月の命だと診断されたら～

・そのことを知らされたい？

・やっておきたいこと

・行きたい場所

・会いたい人

・Tel.したい人

・手紙を書きたい人

・だれかに残したいもの

年　　月　　日

My Way（尊厳）

わたしの信条

My Way（尊厳）

・誇れること

・貢献してきたこと

・成し遂げたこと

・夢

My Way（尊厳）

⚜わたしがたいせつにしていること

・好きな植物

・好きな動物

・好きな食べもの

・好きな音楽

・影響をうけた本・映画

・影響をうけた人

・忘れられない日のできごと

・たからもの

・たいせつな人

My Way（尊厳）

・いっしょに仕事をしているのはこんな人
なまえ　　　　　　　　　　　性格・特徴

・職場でのわたしの役割

・友だちはこんな人
なまえ　　　　　　　　　　　性格・特徴

・友達の中でのわたしの役割

・恋のこと

・結婚のこと

My Way（尊厳）

わたしはだれ？
～ライフスタイルからわたしを見つける～

・毎年かならずしていること

・毎月かならずしていること

・毎週かならずしていること

・毎日かならずしていること

・好きでずっとつづけてきたこと

・好きな場所

・よく行く店

・気に入ってる服

・仕事

My Way（尊厳）

家系図

My Way（尊厳）

⚜ わたしはどこから来たの？
～わたしのルーツを探ってみる～

・なまえ

・なまえをつけたのは？

・生年月日

・うまれたところ

・父のこと

・母のこと

・きょうだいのこと

・祖父母のこと

・そのほかの家族のこと（ペットなど）

・家族の中でのわたしの役割

My Way Note

自分を見つめ、先ず書くことから新しい人生を

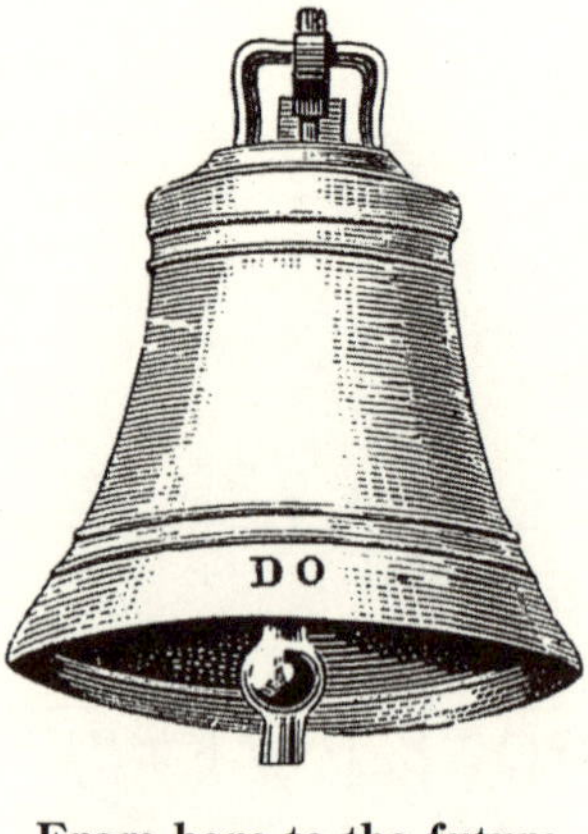

From here to the future

葬祭革命

◉

2000年11月28日　第1刷発行

◉

著者　安達 文子

発行人　花山 亘

発行所　株式会社 筑波出版会

305-0005茨城県つくば市天久保4-3-10

電話 0298-52-6531

FAX 0298-52-4522

URL http://www.t-press.co.jp

発売　丸善 株式会社 出版事業部

103-8245 東京都中央区日本橋2-3-10

電話 03-3272-0521

◉

ISBN4-924753-40-8 C0036

Printed in Japan

制作協力

◉

装幀　戸田ツトム

プリプレス　悠朋舎

印刷　株式会社 平河工業